阅读成就思想……

Read to Achieve

新父母课堂系列

孩子的内驱力

写给父母的沟通心理学

郑正文 著

中国人民大学出版社
·北京·

图书在版编目（CIP）数据

孩子的内驱力：写给父母的沟通心理学 / 郑正文著. -- 北京：中国人民大学出版社，2023.3
ISBN 978-7-300-31365-8

Ⅰ. ①孩… Ⅱ. ①郑… Ⅲ. ①儿童教育－家庭教育－通俗读物 Ⅳ. ①G782-49

中国国家版本馆CIP数据核字(2023)第016666号

孩子的内驱力：写给父母的沟通心理学
郑正文 著
Haizi de Neiquli：Xiegei Fumu de Goutong Xinlixue

出版发行	中国人民大学出版社		
社　　址	北京中关村大街31号	邮政编码	100080
电　　话	010-62511242（总编室）		010-62511770（质管部）
	010-82501766（邮购部）		010-62514148（门市部）
	010-62511173（发行公司）		010-62515275（盗版举报）
网　　址	http://www.crup.com.cn		
经　　销	新华书店		
印　　刷	天津中印联印务有限公司		
开　　本	890 mm×1240 mm　1/32	版　次	2023年3月第1版
印　　张	8.125　插页1	印　次	2025年5月第8次印刷
字　　数	160 000	定　价	65.00元

版权所有　　　　侵权必究　　　　印装差错　　　　负责调换

推荐序

微微辣
P.E.T. 父母效能训练国际资深督导
Y.E.T. 青少年效能训练中国督导

亲爱的读者，恭喜你找到了一本好书——《孩子的内驱力：写给父母的沟通心理学》，它真的可以助力中国万千的普通父母做好养育工作。

在过去的这些年，我阅读了很多关于心理学和脑科学的书籍，非常赞叹专家们的智慧，也感谢他们把人类的无限可能性展现给我们。我也常常向学员和粉丝推荐一些大咖的书籍。可惜，很多人直白地说："书是好书，就是看不进去啊！"可能因为有些书过于专业，难免会让人觉得高深。还有人告诉我，好不容易看进去了，也看明白了，可还是不知道该如何在生活中落地。这可能因为有些案例是基于国外的文化氛围和家庭环境，与中国家庭的实际情况不同，无法令读者产生代入感，用不起来。

每次得到类似的反馈，我都会想，要是有这样的书该多好啊——兼具专业性和通俗性；重点突出、简单易行；落地性强，适合中国父母在日常生活中运用。幸运的是，《孩子的内驱力：写给父母的沟通心理学》就是这样一本书。

本书作者郑正文是发展与教育心理学硕士，是心理咨询师，也是 P.E.T. 父母效能训练讲师。她有着专业的心理学功底，并一直保持着学习和实践的吸收性心智。在这本书里，她呈现了自己推崇的养育理念和方法。关于每个专业的理念和观点，她都讲出了相关的心理学研究实验或案例，给出了来龙去脉；在旁征博引的同时，她以深入浅出的方式表达出来，生动有趣，让人印象深刻。

现在的父母实在是不容易，要学习和掌握的内容真的很多：从母乳喂养到辅食添加；从如何搞定幼升小、小升初到初升高，甚至是填报高考志愿；从如何让孩子喜欢运动到如何让孩子热爱生命；从如何让孩子身体健康到如何让孩子保持心理健康……要是没有做到十项全能，似乎都算不上好父母。

我自己在养育孩子之初也是博览群书、寻寻觅觅，其中有一段时间非常焦虑，各大流派各有道理，到底该听谁的？摸索数年之后，我才锁定了人本主义心理学的养育理念。我认为，人本主义心理学的养育观既关照父母的需求，也尊重孩子的需求，致力于打造合作共赢的亲子关系。后来，我又从心理学家爱德华·德西（Edward Deci）等人那里获得了"内驱力"的理念。我深信，**注重孩子内驱力的养育，就掌握了养育孩子的核心。**

非常开心，我和本书作者正文在这些方面有着很多的共同语言。可以说，《孩子的内驱力：写给父母的沟通心理学》是一本以人本主义心理学为基础、以内驱力养育为核心的养育操作手册。

有内驱力的孩子会是怎样的呢？在我看来，他们拥有很多宝贵的品质和品格，比如善良正直、积极向上、阳光自信、能共情他人；他们具有自驱型终身成长的特质，能够适应社会的发展；他们能够遵从自己的内心；他们更有可能拥有幸福和成功的人生……

既然这么美好，那么你一定想知道，父母该怎么做才能助力孩子的内驱力发展呢？本书给出了清晰简单的框架和循序渐进的路径。本书第 1 章将邀请你一起看看养育的大环境和微环境，同时带你探索父母养育孩子的蓝图和目标，接着引出了内驱力的概念。关于内驱力养育的框架，正文给出了一个恰如其分的名称——"铁三模型"。当孩子的归属需求、胜任需求和自主需求这三种需求得到满足时，孩子就能很好地发展自己的内驱力。在接下来的三章，她按照联结感、胜任感和自主感三个方面，详细讲解了相关的理论和案例，帮助父母了解孩子的内驱力发展需要什么、父母怎么做才是最适合的。

书中呈现了大量的真实故事和案例，有的来自纪录片和心理学研究，有的则来自正文自己和她身边的朋友、学员的养育实践。她分门别类地整理了这些故事和案例,并进行了专业的、有温度的分析和点评。每次读到这些故事和案例,我都能感受到她的严谨、专业,以及她实实在在地对父母的看见、对孩子的关爱。更难能可贵的是,这些故事和案例都发生在我们身边,有很强的代入感和适用性。

正文是两个孩子的妈妈,她自言家里有两个"普娃"。恰恰是在与这两个"普娃"的相处中,让她有机会将很多心理学的专业内容在家庭中落地。她和所有父母一样,经历着那些看似微不足道的生活小事;不一样的是,她非常珍视这些小事,会将它们收集起来进行复盘,从中总结出"普通父母"也可以使用的技巧。

正因为她自己在养育孩子,她对为人父母的喜悦和痛苦都深有体会,所以她贴心地将养育不同年龄段孩子的重点、难点单独拎出来,结合内驱力的"铁三模型"进行了专门的诠释(见本书第5章)。我很惊讶,被很多父母公认的养育难题竟然在她的视角下有了新的可能性,而且解决方案也很简单,有四两拨千斤的功效。

为人父母不仅工期长,而且一旦上岗就无法轻易卸任,可谓"这世界上最艰难的工作"之一。本书第6章详细阐述了父母该如何善待自己、如何寻求养育孩子的支持、如何找到育儿联盟等,字里行间渗透着与父母的共情。

我读完本书后,内心有很多感动:正文用踏踏实实的态度、诚诚恳恳的心思、真真切切对父母和孩子的爱,写出了这本书。我也有很多赞叹:终于,这样的书来了——有理论、有案例,让"普通父母"都看得懂，书中的方法每天、每时、每刻都可以在与孩子的相处中用起来。

关于养育，我一直秉持着这样的观点：做好为人父母的工作是父母的潜能，但要想胜任父母的角色就需要专业指导和刻意练习。《孩子的内驱力：写给父母的沟通心理学》是一本能助力父母发挥潜能、成为有胜任感的父母的书。父母做到了这些，孩子自然会有内驱力，也会拥有一切美好的可能。

自 序

我是一名心理学工作者,还是两个孩子的妈妈。近几年来,我针对儿童、青少年的父母开展了心理咨询工作,去幼儿园、中小学开展了基于人本主义心理学的家庭教育讲座,到不同城市带领了 40 多期 P.E.T. 父母效能训练工作坊。在与父母们接触的过程中,我深深地体会到了为人父母的不易,也感受到我们正或多或少地共同经历着**时代性的养育焦虑**。

养育焦虑可能裹挟在以下类似的困扰里:

- 孩子晚睡、不好好吃饭怎么办?
- 孩子写作业拖拉、磨蹭怎么办?
- 青春期的孩子迷上玩手机怎么办?
- 父母双方的养育理念不同怎么办?
- 对孩子是严厉管教还是自由放养?

- 别的家长都在"鸡娃",我要不要跟上?

我们被焦虑驱使着,不知不觉地越过边界,去干涉、操控孩子的学习和生活,把我们的期待、要求加诸孩子,希望孩子按我们设想的样子发展。如果未如我们所愿(这是极有可能的),我们就会感到挫败、委屈、痛苦、愤怒……

仔细看这些困扰,放在几十年前可能不太会让人心烦。比如在缺吃少穿的年代,不存在孩子挑食的烦恼;比如在高等教育还属于少数精英的年代,如果孩子对读书提不起兴趣,那么早点出来就业也是一条路。如今,面对物质生活相对富足、互联网信息技术发展飞速、中国传统家庭观念和现代家庭观念的碰撞,我们感到迷茫、不确定甚至无所适从,养育焦虑便由此而生。

换个角度看,养育焦虑的背后可能饱含父母对孩子的美好愿望——希望孩子能在这个时代活得更好。你一定同意,"活得更好"并不等同于拥有金钱和社会地位。尤其是在当今,"活得更好"的含义更侧重精神层面的富足充实,它意味着一个人能在社会中找到自己适合的位置,拥有自我价值感,并能感受到生活的幸福感。如果单纯迎合外界灌输的优秀标准,心灵就无法获得自由,也无法获得持久的意义感和幸福感。**真正持久的幸福,离不开一个人向内探求,聆听内心的声音,调动自身的内驱力,充分发挥自主性。**

内驱力(又被称为"内在动机")是驱使一个人愿意主动投入玩耍、社交、学习和工作中的内在力量。获得内驱力的密钥在哪儿呢?20年前,我到北京师范大学发展心理研究所读研,以探索"怎

自 序

样的课堂更能激发学生学习自主性"作为毕业论文方向，接触到了爱德华·德西与理查德·莱恩（Richard Ryan）创建的自我决定论（self-determination theory），我很认同这个理论模型。自我决定论给出了获得内驱力的密钥：**无论是课堂上的学生还是职场中的员工，当一个人的归属需求、胜任需求和自主需求得到满足时，他就会对学习、工作产生内在动力，愿意主动投入其中。**

这几年，我在心理咨询和培训工作中发现，一边是父母费尽心力地想把孩子塑造成父母自己心目中的样子，另一边是不少看上去很优秀的孩子找不到人生的意义和乐趣。**我非常希望更多父母能意识到孩子成长的真正动力是内驱力，希望更多父母能呵护孩子的内驱力，支持孩子自主地成长。**自我决定论的理论模型很精辟、简洁，但如果直接搬到家庭教育中则显得有些抽象，很有必要通过进一步诠释和举例让父母了解怎么做，我希望这本书可以在这方面尽绵薄之力。

内驱力可以体现在许多不同方面——社交、运动、学业等，甚至具体到做家务这样的事情。但凡孩子在某个方面拥有一定的内驱力，就是值得庆贺的，因为这意味着他们有自己追求的东西，能感受到内心的充实和幸福。你可能会看到他们主动投入的专注、对未知的强烈好奇、从中获得乐趣的满足，这是一种具有生命活力的美妙。

如果我们希望孩子成为有内驱力、能获得真正幸福的人，那么养育无非就是和孩子保持联结感，协助孩子在生活的不同方面、不同事件中获得胜任感和自主感。在日常生活中，父母可以怎么做呢？美好的养育理念需要变成可操作的要点和方法，在养育中落地。本书的第2章到第4章，分别提炼了有助于孩子获得联结感、胜任感和自主感的要点，并列举了来自不同家庭的实践案例。第5章将针对具体养育困扰，从内驱力的角度综合理解、探讨应对方式。这几章共同诠释了如何营造呵护孩子的内驱力的养育环境，实现内驱力养育。

内驱力养育不仅仅强调重视孩子的内驱力，还提倡父母关爱自身。第6章重点讲解父母如何从养育中找到为人父母的内驱力。当父母勇敢地和自己的内心联结、和外部世界联结，积累养育的信心，让养育的视野变得更加开阔时，养育就会变得轻松、有意思。

在你读完这本书后，希望你把书中提到的所有要点和案例都忘掉，问问自己的内心：

- 要想让孩子感受到有人爱着他、他是有能力的、他有为自己做主的机会，我可以怎么做？
- 我想多爱自己一点、增强一些信心、对生活多一分主动性，我可以怎么做？

带着这样的心愿静下来思考，你就可以发现自己的智慧。

有人说，女孩相对比较乖巧、懂事、自律，写育儿书的大多是有女儿的父母，他们把培训"边牧"的经验写下来给"哈士奇"[①]的

---

① 这里的"边牧"和"哈士奇"分别指代先天气质易养型和难养型的孩子，不指代女孩或男孩。

父母看。我猜，这个说法想表达的是，不同孩子的先天气质是不同的，养育先天比较乖巧、懂事、自律的孩子的个案经验无法推及先天比较敏感、难养的孩子身上。对于这一点，我非常赞同。

所幸本书选取的养育案例覆盖面比较广，孩子年龄范围从幼儿到青春期，有女孩也有男孩，有"边牧"也有"哈士奇"。当我采访一些"哈士奇"的父母，听他们分享曾在挫败中崩溃，但仍然不离不弃、一次次调整养育心态时，我内心被深深触动。特别要说的是，书中呈现的正面案例并非一蹴而就，背后有许多看不见的尝试和努力；这次的亲子互动融洽，并非代表未来就不会遇到冲突和坎坷。

感谢 P.E.T. 父母效能训练国际资深督导微微辣老师，鼓励我开启本书的写作，给予我莫大肯定，并特地为本书作序、倾心推荐。感谢本书编辑郑悠然女士，充分信任我的自主性，给予我充足的时间和空间，审校时仔细逐句推敲，让本书得以付梓。感谢为本书提供案例[①]的 P.E.T. 讲师朋友和 P.E.T. 学员朋友，你们的养育思考和实践滋养了我，也必将影响更多人，让更多父母看到更多可能性。感谢我的家人和孩子，因为你们在生活中给了我最真实的反馈，启发我去反思和成长。

愿我们的孩子享受自主的快乐，愿我们享受和孩子一起成长的乐趣，欣赏生命的绽放。

---

① 本书所有案例均获得了当事人的同意，且为了保护当事人的隐私，做了相应处理。

目 录

第 1 章 呵护内驱力的养育 // 1

当今的父母为何辛苦 // 3
孩子的成长环境今非昔比 // 5
当今的孩子更渴望精神需求的满足 // 7
当今的父母对孩子期待更高 // 10

我们希望孩子成为怎样的人 // 12
教育内卷化带来的风险 // 13
孩子焕发生命力的模样 // 15
把养育的目光放长远 // 17

呵护孩子的内驱力 // 20
内驱力究竟是什么 // 21
玩转内驱力的"铁三模型" // 22
孩子的内驱力离不开环境滋养 // 24

内驱力养育从日常生活开始　// 28
父母是陪伴孩子成长的顾问　// 32
　　当心！别变成这三种父母　// 33
　　明确父母的角色　// 35

第2章　用心，让孩子感到爱　// 39

积极的情感联结是养育的基础　// 42
　　早期情感互动缺乏影响心理发展　// 42
　　积极的亲子情感联结能促进孩子健康发展　// 44

爱，从陪伴开始　// 47
　　陪伴重在品质，需要专注投入　// 47
　　陪伴的活动形式不拘一格　// 49
　　青少年也需要陪伴　// 51
　　多子女家庭需单独陪伴每个孩子　// 52
　　鼓励家人发挥所长陪伴孩子　// 54

倾听孩子、理解孩子　// 56
　　理解之前，心态请先就位　// 56
　　倾听方式，随机应变　// 58
　　解读，也是解"毒"　// 60
　　稳定自己，接住孩子的消极情绪　// 63

坦诚沟通，不伤害　// 66
　　让孩子知其所以然，建立规则意识　// 69
　　唤起孩子的共情能力，促进行为改变　// 71

　　　　觉察孩子的情绪变化，及时切换到倾听　　// 74

第 3 章　轻推，让孩子获得信心　　// 79

　　我能做到，所以自信　　// 82
　　　　胜任感让弱者逆袭，让强者愈强　　// 83
　　　　用对方法，协助孩子获得胜任感　　// 84

　　观察孩子，尊重差异　　// 87
　　　　第一关：了解孩子所在年龄段有哪些普遍的心理发展
　　　　　　　　特点　　// 87
　　　　第二关：清楚孩子有哪些独特的能力和个性　　// 89
　　　　第三关：接纳孩子可能存在的发展障碍　　// 92

　　轻推，小步子渐进　　// 95
　　　　轻推三步走　　// 95
　　　　适得其反的猛推　　// 99

　　成长需要更多看见　　// 104
　　　　涵容孩子的挫败感　　// 105
　　　　真诚地肯定孩子　　// 107

第 4 章　放手，让孩子迈向自主　　// 115

　　让孩子活出自主人生　　// 118
　　　　越想控制，越失控　　// 119
　　　　孩子只有享受到自主感，才会更自主　　// 121

给孩子探索的空间 // 126
　　为生活松土，留给孩子自由空间 // 126
　　让孩子有机会自己面对生活 // 128
　　允许出错，给孩子试错机会 // 132

协助孩子自主地决策 // 135
　　明确自己内心的需求 // 136
　　鼓励孩子自主思考 // 139

循序渐进，逐步放手 // 141
　　幼儿：鼓励大胆尝试和选择 // 143
　　小学生：在做计划中形成规划意识 // 145
　　青少年：自主探索过程比成败更重要 // 148

第5章　常见养育困扰解析 // 153

家有幼儿：缓解分离焦虑面面观 // 156
　　策略1：事先预防，让温暖伴随 // 158
　　策略2：当下倾听，联结彼此 // 159
　　策略3：重聚，蓄满爱的能量 // 160
　　小结：健康的联结是亲密且不纠缠 // 161

家有小学生：协助自主学习有技巧 // 163
　　案例1：化受挫为信心 // 164
　　案例2：把无聊变有趣 // 166
　　案例3：转无望成希望 // 167
　　小结：轻推转化，有助于孩子获得胜任感 // 168

家有青少年：手机管理的合作共赢　// 170
　　步骤1：将冲突视为成长机会　// 171
　　步骤2：透过行为看孩子的需求　// 172
　　步骤3：一同协商，构建规则　// 174
　　步骤4：在实施中调整和渐进　// 176
　　小结：保持平衡，系统思考　// 177

家有多子女：巧借力化解频繁冲突　// 180
　　少比较，真正理解和看见孩子　// 180
　　不当裁判，当翻译官　// 182
　　用"开心大法"处理冲突　// 185

第6章　做真实而自信的父母　// 191

滋养自己，积蓄内在力量　// 194
　　留出独处时刻，滋养自己　// 195
　　倾听自己的感受和需求　// 197
　　与更广阔的世界联结　// 198

让合作养育更轻松　// 202
　　发挥父母双方作用　// 203
　　与老人联合育儿　// 207
　　创建育儿共同体　// 212

在养育中积累信心　// 215
　　从小事做起，容易尝到甜头　// 216
　　积极反思，敢于战后关系重建　// 217

放下期待，停止责备和自责　// 219

拥抱更多可能　// 222
　　复盘，探索新的可能　// 222
　　跳出剧本，是海阔天空　// 224
　　让孩子发挥创造自己　// 226
　　活得真实自在，胜过完美　// 229

参考文献　// 235
后　记　// 237

第 1 章

呵护内驱力的养育

第1章 呵护内驱力的养育

知止而后有定，定而后能静，静而后能安，安而后能虑，虑而后能得。

——《大学》

养育，很容易被视为父母的个人行为。

我们不妨先把镜头拉远，放到时代背景中去看养育，在瞬息万变、错综复杂的当今，养育发生了怎样的变化？养育的方向是什么？在本章的前半部分，我们将探讨这些内容。

在本章的后半部分，我们再逐渐把镜头推近，阐述影响孩子内驱力的几个关键因素，探讨要想让孩子成为自己生命的主人，父母在养育中的角色定位是什么。

当今的父母为何辛苦

当我和不少"70后""80后"父母闲聊时，我们容易谈到一个话题：小时候，我们的父母上班的上班，干农活的干农活，也不怎么管孩子的功课，基本上靠孩子自己折腾……为何现在我们当了父母，养育孩子这么辛苦、这么焦虑？！

我是中国第一批独生子女，父母双职工，小学二年级起，我就成了"钥匙儿童"，即脖子上挂着一把家里铁门的铝制钥匙，每天和邻居小伙伴一起走路上学放学，无须父母接送。那时的作业不多，有时回到家还要帮着父母淘米煮饭，常常在饭后放下碗就跑到外面疯玩，父母则悠闲地看看电视或串门聊天。

30多年过去了，如今我成了一个"00后"女孩、一个"10后"男孩的妈妈。对比两代人的成长经历，我确实发现在我们这代人成为父母后，往往比自己父母当年要忙碌和操心得多：

- 在孩子还没出生时就盘算着买哪里的学区房；
- 孩子出生后研究母乳喂养、如何做辅食、选择什么绘本、要不要报早教班，时不时发愁孩子不好好吃饭、不肯刷牙；
- 孩子刚进幼儿园，担心有分离焦虑、在园吃睡不好，担心孩子能不能交到朋友，接着琴棋书画各种兴趣班陆续报起来，到了大班得赶紧考虑幼小衔接；
- 孩子进入小学后立刻吹响"鸡娃"号角，上学日晚上看到孩子写作业拖拉、磨蹭气到心梗，周末忙着接送孩子参加五花八门的兴趣班；
- 孩子小升初进入中学，迎来青春期，天天围绕着手机使用问题矛盾不断，发愁孩子学习没动力、考不上高中怎么办；
- ……

总之，父母事事都要操心。

为何现在养育孩子这么辛苦？我们至少可以从社会环境、孩子和父母三方面来看。

孩子的成长环境今非昔比

一个小小孩是怎样长大的呢？美国心理学家尤里·布朗芬布伦纳（Urie Bronfenbrenner）针对这个问题，提出了生态系统理论（bioecological theory）。他认为，孩子的发展会受到周围若干个直接或间接的环境系统影响。如果把孩子想象为圆心，那么这些环境系统就好像一圈圈的同心圆（见图1-1）。离圆心最远的大环境系统是

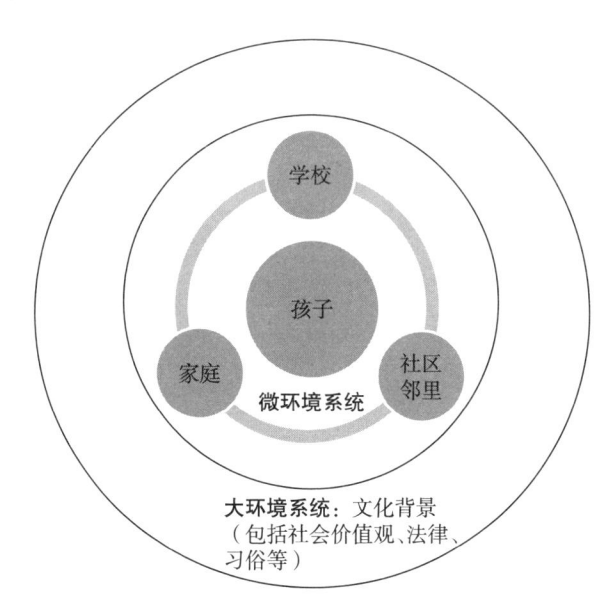

图1-1 生态系统理论简化图

文化背景（包括社会价值观、法律、习俗等），比如生活在中国的孩子会受到中国传统文化、国家法律、居住地的风俗习惯的影响；离圆心最近的微环境系统，是家庭、学校和社区邻里。孩子在家庭中生活，白天去学校，课余时间在社区活动，家庭、学校和社区邻里对孩子发展的直接影响最大。

这三四十年来，我们生活的社会环境发生了剧烈变化。具体到家庭、学校和社区邻里三个方面，明显可见的变化是社区邻里功能弱化。

20世纪八九十年代，人口流动性较小，许多人几十年都住在同一个里弄、大院或村子里，邻里之间非常熟悉，帮忙接送孩子、照顾一顿晚饭都不在话下。孩子们放学后很自然地聚在一起玩，在游戏打闹中相互学习，发展了语言能力、社交能力和问题解决能力。孩子若在学校或家里遇到不开心的事，跟小伙伴奔跑、玩耍、吐槽，情绪就可能得到释放和缓解。

随着这些年人口流动速度加快，人们可能在一个地方住一阵子后又搬到另一个地方，邻里之间的关系不那么稳定，彼此不那么熟悉。独门独户的公寓房改善了住房条件，让人们拥有了更多宽敞、独立的空间，但似乎也把人际联结阻隔在一扇扇入户门外，人们变得疏离。

孩子们越来越习惯于待在自己家里，和社区中同龄小伙伴的交流互动就相应减少了。我一个朋友的女儿上小学二年级时（此时正处于喜欢玩耍、喜欢社交的年龄），放学后在小区公共花园中竟找不到同龄玩伴，原因是孩子们要么待家里看看平板电脑、写写作业，要么直接被送到晚托班。朋友权衡利弊后心生一计，也把孩子送到晚托班，至少孩子能在那儿找到同龄人聊聊天、一起玩耍。

家庭、学校和社区邻里构成了支持孩子发展的三根支柱，由于社区邻里功能弱化，家庭和学校便承担了更多养育的重任。

近三四十年来，我国的基本家庭形态也发生了很大变化，一个屋檐下几代同堂的大家庭慢慢消解，三口之家、四口之家这样的核心小家庭变得更为常见。对于移民到城市的年轻父母来说，如果身边没有祖辈帮忙，就不得不面对谁接送孩子、放学后谁陪伴孩子等问题。以前通过社区邻里分担的事，现在却都由父母扛在身上，养育确实会变得辛苦。

当今的孩子更渴望精神需求的满足

人本主义心理学家亚伯拉罕·马斯洛（Abraham Maslow）的需求层次理论为世人耳熟能详。在马斯洛的需求金字塔（见图1–2）中，生理和安全是处于金字塔底层的需求，在此之上依次有爱与归属的需求、自尊需求、自我实现的需求，后三者显然更加侧重精神层面的需求。马斯洛认为，在生理和安全需求得到一定的满足后，人们就会追求精神层面需求的满足。"仓廪实而知礼节，衣食足而知荣辱"，说的就是这个道理。

```
         自我实现需求
        自尊需求
      爱与归属需求
     安全需求
    生理需求
```

图 1-2　马斯洛的需求层次金字塔

我父亲出生于 20 世纪 50 年代，他回忆自己小时候放学回家后，书包一放就赶紧帮家里浇菜、喂鸡、放鸭等。家里孩子多，大人们为养活一大家子终日忙碌。尤其是在三年困难时期，全家人整天琢磨上哪儿弄吃的填饱肚子……那时的人们迫切需要满足生理和安全需求，即解决吃饱穿暖、居有定所的问题，好让自己活下去。

我们这代人小时候可能还多少经历过物资不那么丰富的时期。而 21 世纪后出生的孩子大多衣食无忧，不用担心温饱问题。因此，他们的心理需求会朝着金字塔上方部分发展，更渴望精神层面需求的满足：**他们渴望家人的关爱，渴望在同伴群体中获得归属感；他们希望被父母和老师理解和认可；他们会更早地思考人生的价值和意义是什么，如何能活出自己、发挥自己的潜能。**

当今孩子的心理需求与祖辈、父辈的有很大不同。如果父母固守自己的经历和视角，有时就很难理解孩子。在咨询室里，父母满肚子苦水说自己辛苦赚钱让孩子吃好穿好，孩子却不好好读书，整天抱着手机不放。一问孩子，孩子也是满满委屈，说自己在学校朋友不多，父母忙着赚钱、很少陪伴他，也没有太多交流，内心有许多苦闷却不知道跟谁说，只能在网络世界中找人聊天开导自己。显然，父母认为吃好穿好就很幸福，让孩子吃好穿好就是对孩子好，殊不知孩子的内心更渴望父母的陪伴和精神上的交流。

类似的需求错位如果延伸到日常互动中，就很容易造成亲子之间沟通不畅，比如出现以下对话。

案例

上中学的孩子和父母说："好想过退休生活啊！我能不能现在就退休？读书有什么意义？"

父母一脸正色，谆谆教诲："你现在当然不能退休，只有好好读书，将来才能找到好工作，才能赚到钱，过上幸福的生活。"

孩子说："按照你们的说法，咱们家不是有几套房吗？将来卖掉一套就足够让我有钱过上幸福生活了！"

● ● ● ● ●

孩子让父母不知做何回答。对话中的父母认为有好工作、有钱才能过上幸福生活，并且急着与孩子分享自己的看法，而没考虑孩子发起话题时的需求是什么。孩子问读书有什么意义，可能只是吐槽最近学习太辛苦，也可能是在思考自己未来的生活方式。无论是什么，他都希望此刻能获得父母的倾听和理解。父母只有考虑孩子这些可能的需求，才能让对话继续下去。要是父母站在自身立场上一味说教，就只会终结对话，甚至引发孩子的对抗，他们自己也会觉得心堵得慌，觉得养育很辛苦。

当今的父母对孩子期待更高

相对于以前的父母，我们这代父母更焦虑，对孩子的期待更高。

2021年公布的全国第七次人口普查结果显示，全国大专及以上学历人数高达2.18亿人。也就是说，从全国范围看，每七个人里就有一个大学生。在一线城市北京和上海，大专及以上学历分别占总人口的41%和33.8%。由于总人口数中还包含了相对低学历的0~14岁儿童和青少年与60岁以上老人，因此要是去掉这部分人口，大专及以上学历的比例可能要接近一半。高学历人口占比这么高，难怪当今父母对自己孩子的预期比之前任何一个时期父母的都要高。

20世纪50年代，还与温饱抗争的大多数父母都期待孩子将来有一份能吃饱饭的工作；到了80年代，生活条件比之前改善了很多，受到特殊年代影响的父母大多自身学历水平不高，心态上比较平稳——读得出来就读，读不出来就早点工作。当今的父母普遍认为自己的孩子一定要考上大学，甚至期待孩子要上"双一流"大学。

其中，有两类父母往往最为焦灼：一类是自身学历水平一般或没考上心仪大学而留有遗憾的父母，在潜意识中，他们想让孩子完成自己的"未竟事业"；另一类是自身学历水平比较高甚至毕业于名校的父母，他们想当然地认为孩子将来会像自己一样考上重点大学，甚至要青出于蓝而胜于蓝，不允许"倒退"。

都说当今是"乌卡时代"（VUCA），具有易变性（volatile）、不确定性（uncertain）、复杂性（complex）、模糊性（ambiguous）的特点。显而易见的是，仅仅在最近短短的 10 年内，互联网应用逐步向各行各业渗透，涌现出了许多新兴行业，不少传统行业悄然没落。未来 10 年、20 年后世界会变成什么样，谁也不知道。不过，肯定和现在不一样。或许是社会的快速变化和未来的不明确，使父母内心产生了一些尚未被自己觉察的焦虑，他们渴望从孩子身上寻求一点确定的东西。总之，**层层叠加的期待和焦虑在无形中促使父母在孩子身上用力，催促孩子跟上节奏，这免不了出现很多挫败和冲突，养育也因此变得辛苦**。

至此，我们大概讲清楚了为何我们这代人成为父母后，远比上一代父母要辛苦。这种辛苦不是体力上的累，更多的是心累。理解了这一切后，我们不妨先停下来休息一会儿，抱抱自己：为人父母太不容易了！然后提醒自己，可能也需要时不时地从中跳出来，以宏观的、历史的视角去看全局，避免陷入盲目的焦虑中。

> **互动话题**
>
> 1. 你的童年生活是怎样的？和你孩子的有什么不同？
>
>   _____
>
>   _____
>
> 2. 你对孩子在学业上的期待是什么？
>
>   _____
>
>   _____

我们希望孩子成为怎样的人

近几年，人们喜欢用一个出圈的人类学术语"内卷"（involution）来形容教育。"内卷"最早是人类学家研究印尼爪哇岛水稻生产、中国长三角小农经济时使用的一个概念，指在有限的土地上通过不断投入时间、精耕细作以求获得总量增长的现象。这种现象发展到一定程度后，投入再多，产出的增长幅度也很小，甚至开始衰减，这就是经济学上说的边际效益递减。

教育内卷化，指让孩子通过超前学习、延长学习时间、增加刷题训练的模式来提高成绩，在一定限度内成绩或许有所提高，但由于人的精力、时间都是有限的，因此在达到极限以后，就算投入更多的精力和时间，也不会得到明显的好结果，甚至有害无益。

教育内卷化带来的风险

教育内卷化给社会带来了"剧场效应"。少数父母为了让孩子赢在起跑线上，在孩子很小的时候就让孩子提前学、超前学。其他父母为了让孩子也能跟上便纷纷效仿这种方式——你让孩子刷一份卷子，我让孩子刷两份卷子。当越来越多的人这么做的时候，不跟着这么做的人则显得相对落后或不正常。最后情况可能会愈演愈烈，所有孩子上课和练习的时间都在不断延长，哪怕已经掌握的知识也进行大量过度练习。从短期看，这的确能在某种程度上维持和提高孩子的学习成绩；但从长远看，需要警惕孩子身心成长可能会面临的一些隐形风险。

第一，学习时间不断延长，会在一定程度上影响孩子的身心全面健康发展。

近些年来，父母热衷于为孩子报各类课外班的情况有增无减。中国儿童中心发布的 2019 年《中国儿童发展报告》显示，在儿童校外生活中，普遍存在上课外班的现象。从课外班参与比例看，儿童参与学科辅导的占比最高，哪怕是在周一到周五的上学日，比例仍高达 66.5%；其他依次为文艺特长（58.2%）、体育特长（53.9%）、科技兴趣（35.7%），周末也呈现类似的趋势。从课外班参与目的来看，儿童参与课外班的最主要目的仍然是学习、成绩和考试。

孩子把大量时间花在完成学校作业和课外补充作业上，是导致其睡眠时间不足的主要原因。中共中央、国务院在 2007 年发布《关于加强青少年体育增强青少年体质的意见》，明确要求科学规范学生作息制度，保证小学生每天睡眠 10 小时，初中学生 9 小时，高中学生 8 小时。而 2021 年教育部公布的一项调查显示，38% 的中小学生就寝时间晚于规定要求，67% 的中小学生睡眠时间不达标。

不仅睡眠时间缩短，孩子进行休闲娱乐、自由玩耍、社会实践的时间也被压缩。如果只把孩子的发展过多倚重和局限在学业本身，就等于窄化了孩子人生的宽度，不利于孩子身心的全面健康发展。

第二，父母容易突破边界控制孩子，从而影响亲子关系。

想必许多父母都深有体会，只要不涉及学习就会母慈子孝，一旦涉及学习就将鸡飞狗跳。当看到周围的父母都在"鸡娃"时，父母焦虑的情绪很容易被带动起来。为了缓解自身的焦虑，父母往往忍不住采取一些行动，比如唠叨孩子还不快读书去、买一大堆的习题集逼着孩子做、跟风给孩子报班……父母越想改变孩子，就越容易演变成去强制、操控孩子，体现为跟孩子反复唠叨、讲大道理、用奖惩的方式操控孩子，以及威胁、恐吓甚至打骂孩子。这些方式或许暂时能让孩子表面屈服顺从，但孩子的内心往往是抵触抗拒的，这也在孩子心里埋下了想逃离父母的种子。

有些父母耗费大量精力却未见孩子按其期待的方式发展，从而导致父母心态崩溃，把委屈、怨恨、不满撒在孩子身上："我为了你，工作都不要了，整天想着让你吃好穿好，你却这样对待我……"这种情绪绑架的方式不但给孩子带来了巨大的心理压力，还会严重影响亲子关系。

第三，父母催着孩子"卷"，削弱孩子的学习主动性。

孩子学习成绩稍有不如意，父母就魂不守舍、茶饭不思；孩子学习成绩稍有起色，父母就兴奋不已、两眼放光。这会让孩子觉得，自己的学习成绩牵动着父母的喜怒哀乐，从而渐渐产生一种错觉："书是给爸妈读的。"难怪有初中生在运动会上喊出了这样的口号："我爱学习！学习使我妈快乐！妈妈快乐，全家快乐！"这个口号当然是玩笑，但玩笑中也有对现实生活的反映。

学习本身是能让人获得乐趣和成就感的，但现在则更多地变成了一种让父母开心、避免自己被惩罚的活动。孩子不再是学习的主人，而变成了学习的奴仆。还有一些孩子，因被逼着完成过多课外作业而体验不到学习的乐趣和成就感，进而产生厌学情绪，正所谓"饮鸩止渴"。

孩子焕发生命力的模样

有些孩子在教育内卷化中失去了对学习甚至对生活的热情，彻底"躺平"；有些孩子磨平了个性，就像是工厂生产出来的标准件——特点不鲜明，没有好奇心，被修剪成规整的模样。这是我们希望孩子变成的模样吗？如果不是，那么我们希望孩子成为怎样的人呢？

2021年播出的系列纪录片《小小少年》跟踪拍摄了六位痴迷于艺术、自然、科技、运动等不同领域的孩子。以下仅介绍其中的几位，足以让人感受到他们身上那种生机勃勃、不断向上的天性和美好。

📝 案例

生长在云南大山里的九岁女孩云儿，从小喜欢跳舞，"一字马"、空翻等高难度动作都能轻松做到。没有舞蹈老师教，她就跟着视频自学芭蕾，大多数时间，她就在妈妈经营的猪肉摊旁边跳舞。为了在家盖一间简陋的舞蹈室，她瘦小的身躯扛起了一根根四五米长的木头；为了去北京登台演出，她咬牙坚持着一次次疼到流泪的扳腿、开肩等的专业训练。

生活在广州的11岁男孩殷然非常喜欢观察昆虫，家里养了很多昆虫。学校里的同学看他捉昆虫、养昆虫，投来不解、惊讶、厌恶的目光，甚至因此不爱和他玩。他有些落寞，但仍未放弃自己的爱好，定期和"虫友"们到山野里观察和收集昆虫。他说，真理往往掌握在少数人手中，不要因为大多数人觉得虫子有毒就说虫子有毒，虫子其实很可爱。

陶启泽和张宇晨是北京的两位高三男生，他们从小学到高中7年间共同探索机器人制造。班主任表示，他们真是钻进机器人科学里了，10篇作文有8篇以研究、探讨机器人为话题。当被问到"做机器人到底有什么用"时，他们的回答是"没用，就是好玩，好玩对自己来说更有意义"。陶启泽和张宇晨在纪录片的后半段都拿到了理想大学的录取通知书，可以像其他同学一样去考驾照或旅游，但他俩每天还是像上班打卡一样，雷打不动地准时出现在机器人实验室。张宇晨在出国的前一天还去了一趟实验室，说是要给新队员讲讲编程。

看着纪录片中这些少年脸上那种认真专注、闪闪发光的笑容，你一定会被深深打动：**他们都对自己的热爱有着纯真的追求和痴迷，身上洋溢着生命力。**这样的状态，不就是我们希望孩子们拥有的吗？

这种生命力体现在一个人对生活充满好奇，为了自己所热爱的事而沉浸在忘我之境里。这种生命力同样可以在自然界中看到——既可能是荒地里一丛展露新芽的灌木，也可能是小溪里一条逆流而上的小鱼，或许不起眼，但生机盎然。

我们从这些少年身上可以看到，真正让一个人孜孜不倦地投入钻研、精进的，不是外界的威逼利诱，而是自身内在就有的一股源源不断的劲头和动力。**这种劲头和动力就是内驱力，是生命本身所赋予的。**因为有了内驱力，生命才真正成为生命；因为有了内驱力，这些少年才会执着地追求着自己的热爱，付出超乎常人的努力。

把养育的目光放长远

要是用世俗眼光看这些少年，他们并没有获奖无数、功成名就，但他们有一种笃定感和方向感，这种生命状态在当今这个时代尤为宝贵。与之形成对比的是，有些在老师和父母眼中最好的学生、最乖的孩子，内心却体验着强烈的孤独感和无意义感，甚至消极厌世，他们不知道为什么活下去，也不知道活着的价值和意义是什么。曾在北京大学心理健康教育与咨询中心任职的徐凯文博士，近些年在高校接触到不少类似的案例,他用"空心病"来描述这种心理状态。

徐凯文博士在一次公开演讲中描述了这类来访者的心里话:"我不知道我为什么要学习,我不知道我为什么要活着。我现在活着,只是按照别人的逻辑活下去而已。"我们从字里行间可以体会到,这些孩子没有为自己而活,似乎一直都在追求让别人满意,希望自己各方面都能符合外在期待,因此越来越迷失自我。如果人只是一味地迎合外界灌输的优秀标准,就无法真正获得生而为人的意义感和幸福感。**一个人要想感受到自己的存在价值,获得真正持久的意义感和幸福感,就要聆听内心的声音,充分发挥自主性。**尽管关于"空心病"的成因尚无定论,但值得反思的是,我们对孩子的养育方式能否让孩子充分发挥自主性,允许孩子活出自己,找到存在感和意义感呢?

"双减"政策的出台在客观上减少了部分学业压力,更重要的是,以此为开端,整个社会需要调整养育的心态,把养育的目光放长远。父母之爱子,则为之计深远。**我们不能再把孩子当成机器或工具,而要把孩子当成一个独特而完整的生命,尊重生命本身具有的内驱力。**我们不能仅仅催着孩子抢跑、快跑,琢磨着如何超过别人,而要看到孩子热爱什么、擅长什么、愿意选择什么。养育的目光需要在前瞻性和广阔性两个维度上延伸,让孩子活得更有意义感和幸福感。

养育的目光要有一定的前瞻性。我们培养的是适应未来社会的孩子，更要注重底层能力的培养。未来的世界会发生怎样的变化？拥有什么能力的人能在未来的世界有立足之地？尽管我们不知道科技的进步会把未来塑造成什么样子，但毫无疑问的是，**帮助孩子掌握可以适用于任何时代的底层能力才是我们养育的目标**。这些底层能力不仅包括情绪调节能力、沟通表达能力、系统思考能力、解决问题能力等，而且包括愿意去调动发挥这些能力的内在动力——内驱力。

养育的目光要有一定的广阔性。孩子存在于这个世界上的意义不只是为了升学拿高分，不只是光耀门楣、让父母脸上有光，他们更需要作为一个生命体去体会成长的过程。他们需要父母的陪伴和与人交往，需要真正参与到家务劳动、社会实践、体育运动、兴趣爱好中，在不同的领域体验自己的能力，让自主性充分发挥。纪录片《小小少年》中的少年们在不同领域所展示出的内驱力，都值得我们去欣赏和呵护。

如果孩子只被期待在学业上学有所成，那么一旦他在学业上不如别人，其自我价值感就很容易遭受致命的打击；如果孩子在不同领域的探索都能得到父母的支持，他就能从中体会到自己在某些方面是有能力的，并能更加客观全面地看待自己，接纳自己，自我会发展得更加有弹性。

在人生之路上，父母不可能总催着孩子跑，也不可能永远陪着孩子一起跑，还有很长的路需要孩子自己开启征程。**父母只有把养育的目光放长远，支持孩子储备体能、享受奔跑的乐趣，鼓励孩子选择属于自己的跑道，孩子才能跑得更远，看到更美的风景。**

> 互动话题
>
> 1. 提到教育内卷化,你能想到发生在身边的哪些现象?
>   _____
>   _____
>
> 2. 想象一个未来的职业,这个职业需要哪些底层能力?
>   _____
>   _____

呵护孩子的内驱力

在"希望孩子成为怎样的人"这个问题上,你心里或许已经有了一些答案。你可能也希望孩子心怀对生活的好奇和热情,勇敢地面对挑战,可以踏踏实实地寻找并投入自己内心喜欢又有时代价值的事情中。你可能也希望孩子拥有适应任何时代的底层能力,尤其要有能自我发动、自我调控、自我激励的内驱力。你可能还有些犯愁,觉得好像看不到孩子在哪些方面有内驱力。我们该如何让孩子有内驱力呢?

内驱力是生命本身所赋予的,是与生俱来的。准确来说,**内驱力不是培养出来的,它只是需要周围养育环境的尊重和呵护**。内驱力像是孩子内心的一簇小火苗,或明或暗。父母至少可以做的是减少阻碍和破坏，不把孩子内心的这簇小火苗浇灭，在有余力的情况下再添一小把柴。也就是说，只要耐心呵护这簇小火苗一直扑闪下去，遇到合适的机会，小火苗就可能窜高成美丽的火焰。

内驱力究竟是什么

内驱力究竟是什么？这要从人的心理过程谈起。人的心理过程包含了知、情、意、行等几个要素。"知"指的是认知，包含了感知觉、意识和注意、记忆、思维；"情"指的是情绪、情感；"意"指的是动机和意志；"行"指的是行为表现。

以孩子做作业为例，其中就包含了知、情、意、行的参与。做作业需要集中注意力，进行思维加工等认知活动，即"知"；同时伴随着或平静愉悦或挫败沮丧的情绪体验，即"情"；孩子面对作业或兴致勃勃或提不起兴趣，即"意"。在知、情、意的共同作用下，孩子可能会认真专注地做作业，也可能会坐不住、总走神，这是我们可以看到孩子的行为表现，即"行"。父母抱怨孩子做作业时行为习惯不好，一会儿发呆一会儿切橡皮。父母看到这一幕时往往会训斥孩子，极力要纠正孩子的行。只有父母去关注和理解孩子行为背后的知、情和意，给予恰当协助，孩子的行为才能得到有效、持久的改变。

内驱力属于心理过程当中的"意"，即内在的动机和意志。一辆车要跑起来，发动机必不可少。拥有充足内驱力的孩子，如同配备了高性能的发动机，可以马力十足地奔跑。

无论是孩子还是成年人，在从事某项具体活动的过程中都可能体现出内驱力，比如学生进行自主学习探索、员工积极主动地投入工作。内驱力还体现在不同的领域，除了课业学习之外，还体现在运动、艺术创作、实验研究、家务劳动等各个方面。例如，前文提到的纪录片《小小少年》中的几位少年，分别在舞蹈、昆虫研究、机器人编程方面展现出了内驱力。

从更广义的角度来看，人需要有生活的内驱力，哪怕每天过得很普通平淡，但如果你觉得有滋有味，生活有奔头，**内心有内驱力，你就能成为一个有生命力的人，能活在当下并享受生活。**

玩转内驱力的"铁三模型"

如果能找到影响内驱力的因素，就意味着我们可以创造适当的条件让一个人的内驱力得到更充分的展现，从而让他更加主动、愉快地学习、工作和生活。那么，影响内驱力的关键因素有哪些呢？

心理学家爱德华·德西与理查德·莱恩提出了自我决定论，他们认为人类有三类基本的需求：**归属需求、胜任需求和自主需求。**无论是课堂上的学生还是职场中的员工，当这三种心理需求中的任何一种得到满足时，都会有助于人们提高其对学习、工作和生活的内在动力，也就是内驱力。

谈到需求，我们很容易联想到前文所述的马斯洛的需求层次金字塔，我们可以将两者进行对照，加深理解。自我决定论提出，与内驱力相关的有三类需求——归属需求、胜任需求和自主需求，正好分别对应并从属于马斯洛的需求层次金字塔中的爱与归属需求、自尊需求和自我实现需求（见图1-3）。

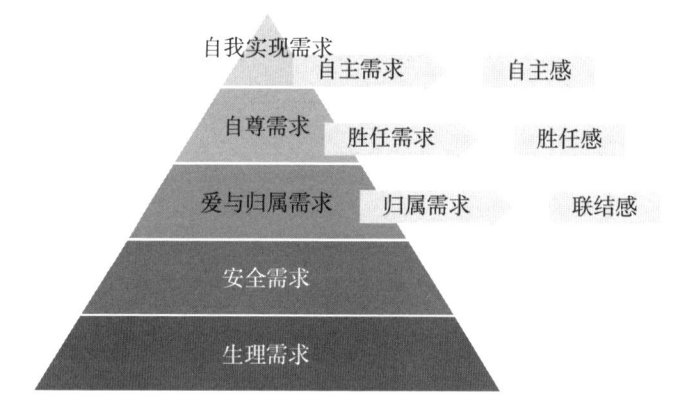

图1-3 与内驱力相关的需求与马斯洛的需求层次金字塔对照

如果需求未被满足，人就会产生消极情绪体验；如果需求被满足，人就会产生积极情绪体验。具体来说，如果归属需求获得满足，人就会感到自己被关爱，从而体验到"有人爱着我"的联结感；如果胜任需求获得满足，人就会感到自己很能干，从而获得一种"我能做到"的胜任感；如果自主需求获得满足，人就会感到自己能做主，从而体会到"我能做主"的自主感。

以学习为例，如果孩子在学习过程中能体会到来自父母的关爱和支持，感受到亲子间的联结感，孩子就会更有动力学习。如果孩子在学习的过程中发现自己对知识和技能掌握得还可以，就会获得胜任感，孩子会更有动力学习。如果孩子能在一定范围内自主选择适合自己的学习方法和节奏，拥有自主感，那么孩子也会更有动力学习。也就是说，只要孩子体会到联结感、胜任感和自主感当中的一种，就能调动学习的内驱力。

我把这个模型称为内驱力的"铁三模型"（见图1-4），这个模型为如何呵护孩子的内驱力提供了方向。孩子是小树苗，家庭是土壤。**如果希望孩子有内驱力，那么养育无非就是创造让孩子能从中获得联结感、胜任感和自主感的环境。**

图1-4 内驱力的"铁三模型"

孩子的内驱力离不开环境滋养

纪录片《小小少年》不仅展示了少年们生机勃勃的状态，还从一些角度记录了他们的父母是如何呵护孩子的内驱力的。他们如何对待孩子展露出来的兴趣？如何帮助孩子保持内心持续的热情与不断向上的力量？以下将逐一呈现几位少年的父母是如何滋养孩子的联结感、胜任感和自主感的。当然，他们可能并没意识到自己所做的这一切对孩子成长的意义。

第一，亲子之间保持亲密而真诚的情感联结，让孩子在亲子关系中获得联结感。父母去理解、接纳、呵护、关爱孩子，而不是排斥和贬低孩子。

📝 案例

11岁男孩殷然从小喜欢观察昆虫，喜欢养昆虫，他这个在多数人看来很奇怪的爱好却得到了父母的支持。殷然在家里养了200多种昆虫，装昆虫的盒子垒满了客厅的角落。殷然的父母还经常在节假日陪着他，与热爱昆虫的"虫友"们一起走进山野研究和收集昆虫。殷然的妈妈说："身为父母，我们刚开始时只是作为孩子的旁观者，后来我们看着看着，也觉得这其实是一件很有意思的事，与其旁观，不如和孩子一起玩。"

殷然有时因为沉迷于观察昆虫而耽误其他事，怎么叫他都没有反应。对此，殷然的妈妈即使再恼怒也会努力压住火气，坦诚地向孩子表达自己的想法，指出孩子行为的不妥之处，而不是以大人的权威去压迫他。

• • • • • •

殷然父母的做法体现了如何与孩子保持情感上联结：一方面，尽可能走进孩子的世界，理解和尊重孩子的所思所想，与孩子共同享受投入的喜悦；另一方面，当孩子的行为让父母感到困扰时，父母并没有采用谩骂、指责的方式攻击孩子、伤害孩子，而是坦诚表达、平等沟通，没有让亲子之间的联结断裂，父母的关心理解成为孩子生命中的一束光。

第二，协助孩子去获得胜任感。让孩子体会到自己有能力达到目标，而不是对自己的能力产生怀疑和否定。

案例

九岁的云南女孩云儿喜欢跳舞，在妈妈打理的猪肉铺里借助视频学习舞蹈。云儿的妈妈就是云儿的"落地镜"，会给孩子数拍子、压腿，并道出这样一句朴实的话："只要她喜欢，大人就得去帮帮她。"为此，妈妈还四处为女儿找专业的舞蹈老师。当货车司机的爸爸也选择了用自己的方式支持女儿。云儿想要一间舞蹈室，可家里的经济状况捉襟见肘，爸爸鼓励云儿去外面捡一些废弃木料回来，亲手为女儿盖了一间舞蹈室。

北京舞蹈学院的关老师和张老师，是云儿的另一对"父母"。他们看到了云儿具有极高的舞蹈天赋，便精心培育云儿。开始训练的第一天，云儿难以忍受拉伸肌肉所带来的疼痛，不想再练下去了。关老师共情云儿的感受，但没有让她放弃练习，而是温柔而坚定地推动，让她鼓起勇气继续练习。日复一日的坚持让云儿慢慢掌握了方法和技巧，重拾当初对舞蹈的热情。关老师还为云儿争取到了去央视表演的机会，这次演出虽然充满波折，但最终获得成功，让云儿进一步增强信心。

在云儿的追梦路上,父母看到孩子对舞蹈的热情,并在自己能力范围内尽最大努力去帮助孩子。当云儿遇到困难退缩时,她的另一对"父母"既能共情孩子,又能坚定地协助孩子克服困难。在孩子看到自己一点点地进步、跨越一个个困难后,就变得越来越自信了,在追梦路上越走越远。

第三,支持孩子享受自主感。让孩子有自己做选择的空间和机会,享受为自己感兴趣的事情充分投入的自由和快乐。

案例

高三学生大多是在紧张刷题中备战高考,或是出国留学做准备。然而,陶启泽和张宇晨这两位北京的高三学生,在这个紧张的时间节点上仍然埋头研发机器人。很多孩子在上初高中时,业余时间就已被大大小小的课外班占据,所有的时间和精力都用来准备升学,兴趣则成了稀缺品。陶启泽之所以能自由地发展自己的兴趣,是因为他的妈妈尊重和理解他的热爱。

陶启泽的妈妈说:"我觉得他的生活要是只有学习,好像也不完美。"尽管她认为要是孩子把用来研究机器人的时间都放在学习上成绩会更好,但她仍然理解儿子的热爱。在她看来,让孩子享受投入探索的过程远比结果重要。

● ● ● ● ● ●

可以自主安排自己的生活、自己说了算,是一种人人向往的自由、放松的感觉，孩子也喜欢这种感觉。陶启泽的妈妈给了孩子足够的空间去发展自己的爱好，而不是过多地去干涉孩子。青少年的自主需求更为强烈，给青少年充分的自主选择的空间是非常明智的举措。他们需要感到他们的行为是自己选择的，而不是由某些外部力量控制的，这样才能产生内驱力。

内驱力养育从日常生活开始

你可能会说，纪录片里的少年们天赋异禀，非等闲之辈，而我的孩子很普通，大概很难有内驱力吧！

其实，**每个孩子降临人间时都如同春天的植物，充满向上生长的内驱力**。孩子好奇地探索周围世界，躺在摇篮里的婴儿会拿着餐巾纸摆弄好久，刚会摇摇摆摆走路的幼儿会把家里的抽屉一个个拉开看看里面有什么……每个孩子都有很大的潜力去发掘自己喜欢的领域，发现自己的爱好。他们是否能做到这一点，取决于他们的身边有没有理解他们的父母，愿意去呵护这种生命赋予的内驱力，能够陪伴他们、鼓励他们、支持他们。

有个调侃父母的段子："让牛顿投胎到你家也没有用，因为牛顿刚在苹果树下躺下，你就要喊'赶紧练琴去'。"这个段子后来引发更多人跟帖创作：

- 瓦特看到水开后蒸汽会顶开壶盖，父母说："离烧水壶远点儿，小心烫到你！"

- 达·芬奇画了几天鸡蛋，就听到父母唠叨："你整天就知道画几个鸡蛋，能画个什么名堂来？"
- 阿基米德刚在浴缸里躺下，就听到爹娘的声音："洗个澡也这么磨磨蹭蹭的，还把水弄得到处都是……"

这些熟悉又扎心的家庭沟通片段提醒着我们：**很多时候，父母只要不去干扰破坏，就已经是在呵护孩子的内驱力了**。就算孩子再有天赋，要是周围环境不断干扰破坏，其天赋早晚也会被扼杀在摇篮里。纪录片中的小小少年们最开始可能只是对某个领域有些许兴趣，随着他们被允许沉浸在自己所喜欢的事情中，并付出了旁人所不知的努力和坚持，才展现出了比其他人突出的天赋。**浇灌天赋需要的是热爱和对挑战的探寻，是周围环境的允许和支持。**

作为父母，我们要去信任小小的孩子，允许他们投入日常生活中玩耍，呵护其内驱力，将来才有可能让他们把这种自我驱动的快乐带到学习和工作中，让他们的人生后劲十足。且不管孩子能否成为某个领域的翘楚，对于包括我们和孩子在内的普通人来说，**能在日常生活中找到自己喜欢的东西并有滋有味地去实践和体验，就已经能让人觉得很幸福了。**

儿子准备上小学前的那个暑假，我观察了他学骑无辅助轮的自行车的过程，惊叹于一个普通的孩子可以做到自我驱动地学习一项运动技能，而且这个过程非常美妙。

案例

在儿子刚开始学骑自行车时，他远远地看到小区里其他孩子骑车追逐，选择避开以减轻心理压力，并找到一个安静人少的角落练习。我建议的学骑车方法，被他拒绝了。他自己提出的方案是：直接坐到自行车座上，我扶着他连人带车向前推，同时他脚踩踏板并尝试掌控把手，等到他说可以松手时我才能松手。我一一照办。就这样，他在我的助推下，可以歪歪扭扭地骑很短的一段距离。

经过练习，他骑出去的距离越来越长。有一次，他骑车经过停在路边的一辆轿车时，开心地大喊起来："我超过'毛毛虫'了！"原来，他把车门上有一只绿色毛毛虫图案的轿车当成终点线，超过就是破纪录啦！在小小成就感的推动下，即便是在高温酷暑天，他每天也都要下楼练习骑车两三次，这就进一步巩固了他所学的技能。

一两天后，他给自己设定了新的挑战目标，表示要去小区北门广场骑车，可以绕着花坛转圈，这让他熟悉了对方向的把控。后来，他在小区里遇到一位骑自行车的小哥哥，也不清楚两人怎么说上话的，就开始比赛谁骑得快。小哥哥赢了八次，他只赢了四次，但还是很开心。短短几天时间，他完全掌握骑自行车了，并且在整个暑假都乐此不疲地骑车玩。

许多父母提起孩子时，往往会为孩子没有学习动力而叹气。实际上，**广义的"学习"不仅仅局限于课内书本学习，还包含对生活中各种知识和技能的学习。**学骑自行车就是一种技能的学习。事后回顾儿子学骑自行车的过程，我发现他的身上充满了学习的内驱力。是什么让他在学骑自行车的过程中动力十足、兴致勃勃呢？可以用内驱力"铁三模型"来解释。

首先，我容许他按自己的方法和节奏学习，他获得了自主感。其次，他是逐步取得进步的，进步本身已让他从中体会到了成就感，从而自动寻求更大挑战。我还发自内心地欣赏他，时不时地肯定他："你自学了几天就已经会骑好长一段，妈妈太佩服你了！"收获成功体验和来自外界的肯定后，增强了他的胜任感。最后，我在他学骑自行车时奔前跑后一直陪伴他，在他偶尔摔倒时安抚他的情绪，他能体会到亲子之间有联结感。

当然，当时的我压根没想过内驱力这回事，后来才意识到这其中隐藏着内驱力的"铁三模型"的玄机。现在，我们了解了内驱力的"铁三模型"，相当于有了方向指引，就能够有意识地在亲子互动中呵护和促进孩子的内驱力，让孩子充分运用自身资源去成就自己。即便我们是普通的父母，面对普通的孩子，也可以做到。

> **互动话题**
>
> 1. 哪个时刻让你感受到了来自身边家人/朋友的关爱?
>
> _____
>
> _____
>
> 2. 你对自己在哪个方面的能力很有把握?
>
> _____
>
> _____
>
> 3. 你在哪件事情上能体会到自己可以充分做主?
>
> _____
>
> _____

父母是陪伴孩子成长的顾问

你或许已经迫不及待地想知道,父母具体该如何做才能让孩子成为一个有内驱力的人。在回答这个问题前,先来回答另一个问题也许会更加容易:父母如何做会让孩子丧失成长的内驱力,或者说失去生活的动力?相信你能迅速想到一些答案,比如用恶毒的语言贬损、打压孩子,让他失去自信;全方位控制孩子的一举一动,不准他有自己的想法……

从内驱力"铁三模型"的角度看,剥夺孩子获得联结感、胜任感和自主感的机会,就能磨灭孩子的内驱力。以下列出了三种比较极端的父母,他们的养育做法忽略了孩子的归属需求、胜任需求和自主需求,不利于孩子发展内驱力。

当心!别变成这三种父母

"电冰箱式父母"

所谓"电冰箱式父母",是指父母对待孩子像电冰箱一样,冰冷疏离,缺乏情感温度。具体还可以细分为两类。

一类是忽视孩子。这类父母常见于农村留守儿童家庭,父母为了生计到城市打工,把孩子留在农村跟着祖辈生活,与孩子缺少情感交流。城市里也存在着"隐形留守儿童",比如父母忙于工作和应酬,平时对孩子缺少陪伴,会让孩子在物质上得到极大满足,但忽视孩子在精神层面的需求。

另一类是用过度严苛的方式来要求孩子。比如,孩子考了98分,回家后告诉父母,父母不但没有任何欣赏肯定,还追着问:"另外两分去哪里了!?"

孩子往往感受不到"电冰箱式父母"的爱,不仅与父母之间感情疏远,对自己也比较没信心,遇到困难也不习惯向父母寻求支持。从内驱力的"铁三模型"看,亲子之间情感联结不足,孩子无法获得联结感,不利于内驱力发展。

"直升机式父母"

所谓"直升机式父母",指父母像直升机一样盘旋在孩子上空,时刻监控孩子的一举一动,以确保孩子按父母设想的方向发展。

前几年热播的电视剧《小欢喜》里的英子妈妈,生动展现了"直升机式父母"的典型形象。剧中英子的妈妈为英子制订了学习计划表,量身定制复习试题,精心搭配各种营养餐,甚至将英子房间的墙壁改造成了透明玻璃,以便时刻盯着她的学习情况。无论是学习还是生活,英子的妈妈都只想让女儿按妈妈设想的路线走,不准有半点偏差。英子喜欢天文学,但妈妈担心影响课内学习,不让英子去天文馆参加活动。英子准备报考南京大学天文系,妈妈却非要让她报考清华大学……最后英子不堪重负,深陷抑郁中,情绪崩溃到想要跳河自杀的地步。

孩子是人,不是机器,若被父母全方位无死角地控制,就会感到自主感被剥夺。从内驱力的"铁三模型"看,孩子自主感匮乏将不利于其内驱力的发展。

"割草机式父母"

所谓"割草机式父母",是指父母像割草机一样,凡事都要冲在孩子前面,所向披靡地扫清孩子成长过程中可能会面临的一切障碍。

这类父母会尽一切所能避免孩子体验到哪怕一丁点的难受、焦虑或失望。当孩子学走路时被绊倒,还没来得及哭父母就飞奔过来，抱起孩子拼命安慰。父母的过早出手，让孩子还没机会搞明白到底发生了什么（"哦，我绊倒了"），没机会感受摔倒那一刻身体的疼痛、去体会"难受"是怎样一种心情，更没机会尝试通过自己的努力爬起来，因此也没机会获得克服困难的自信和喜悦。

这类父母无视孩子的成长，执意让自己成为子女的贴身保镖加保姆。孩子和同学发生一点小冲突，父母可能着急跳出来从中调停；学校组织打扫卫生，父母可能跑来干活，舍不得孩子累着；有新闻报道说，有父母陪着已经大学毕业的孩子应聘面试……在父母的包办代替下，孩子独立解决问题的能力得不到锻炼，遇到麻烦也不知道如何应对，使得孩子越来越习惯依赖父母，甚至在长大后都走不出家门。

"割草机式父母"貌似完美，处处照顾孩子，体贴入微，但其实剥夺了孩子自己面对生活的机会。孩子既没有机会在生活中尝试，也没有机会发展自己的能力，无法体会到从不会到会、从"我不能"到"我能"的胜任感，不利于孩子内驱力的发展。

明确父母的角色

以上三种父母的养育方式，长此以往会让孩子在成长过程中无法获得联结感、胜任感和自主感的滋养，不利于孩子成为一个有内驱力的人。这三种父母为我们呈现了反思的镜子，让我们照见自己。我们未必会那么极端，但有时也可能陷入这三种养育状态中并不断变换：时而是冷酷苛刻的"电冰箱式父母"，时而是焦虑不安、处处想掌控孩子的"直升机式父母",时而因忍不住替孩子出手解决问题而成为"割草机式父母"。

当然,作为父母难免会出现抓狂走极端的状态,如果只是偶尔出现而非常态,问题倒也不大。如果希望减少陷入以上三种养育状态的频率,很关键的一点是,**从宏观上明确父母在养育中的角色,保持觉察并时常提醒自己**。

当孩子还是个刚出生不久的婴儿时,很需要父母全然满足、精心呵护。在孩子到了六个月之后,就开始与父母在心理上分离,逐渐成为独立的个体。父母需要做的是,**根据孩子的年龄特点和能力水平,协助他走向独立**。然而,由于父母与孩子之间有着不可分割的血缘关系,又紧密生活在一起,因此父母有时容易混淆孩子和自己,也很容易把孩子当作自己的附属品,甚至是把孩子当作可以随意捏造的陶土。

身为父母,如果我们希望孩子成为有内驱力的人,就要先愿意承认**孩子是一个独立于我们的人**。如果我们把孩子视为一个独立的人,就能明确自己在养育中的角色定位:**孩子是自己生命的主人,父母是陪伴孩子成长的顾问**。

"孩子是自己生命的主人",意味着孩子才是安排、发起自己行动的主导者,有权去尝试、去探索、去体验生命,是解决自己所遇到的挑战和困难的专家。"父母是陪伴孩子成长的顾问",意味着父母是孩子成长的支持者和协助者,尊重孩子、相信孩子,陪伴孩子去尝试、去探索、去体验生命,切忌盲目越界、替孩子解决问题。

父母稳在成长顾问的位置上，结合内驱力"铁三模型"，可以从以下三个方面来协助孩子：

- 保持和孩子的情感联结，让孩子体验到亲子间的联结感；
- 协助孩子获得对自身能力的胜任感；
- 根据孩子的能力发展，把更多自主决策的机会让给孩子，让孩子体验自主感。

父母如何做好成长顾问的角色，才能为孩子创造促进内驱力的养育环境呢？本书将在第 2 章至第 5 章展开阐述。

互动话题

1. 当孩子遭遇"电冰箱式父母""直升机式父母"或"割草机式父母"时，将分别会有什么样的感受？

2. 你接触过优秀的顾问（比如，企业管理咨询顾问、健身私教）吗？优秀的顾问具有怎样的特点？

第 2 章

用心，让孩子感到爱

第 2 章 用心，让孩子感到爱

如何培养孩子对生活的自信呢？要做到这一点，只需让孩子知道父母是他最坚强的后盾，是最理解他的人。然后，不慌不忙地养育他即可。

——佐佐木正美，日本儿童精神医学专家

满足联结的需求，有助于提升人的内驱力。 一旦孩子感受到被周围人接纳、呵护、关爱，体验到有人爱着自己，就会更愿意投入到学习和生活中。孩子在童年时期最重要的事情就是，能和父母（或主要养育者）形成一种积极的情感联结。

本章开头部分将阐述早期亲子之间的联结感是构成孩子心理发展的基础。当孩子与父母建立了联结，就能开始社交、学习和生活了。随着孩子成长，如果亲子之间仍保持着积极情感联结，这就会成为孩子成长过程中的后盾和支柱，能让孩子放心地把精力投入到探索周围更广阔的世界（包括课业学习、同伴交往）中，孩子也将学会如何关心他人，关爱自己。

有不少父母很爱自己的孩子，但遗憾的是不知道如何有效地传递爱,让孩子真正感受到。在本章接下来的部分,我将分别从用心陪伴、倾听理解、平等沟通三个方面,详细展开说明如何在日常生活中和孩子保持积极的情感联结,让孩子感受到来自父母的爱。

积极的情感联结是养育的基础

早期情感互动缺乏影响心理发展

养育不仅仅只是喂食。父母对孩子的养育,不能仅仅停留在喂饱的层次上。

美国心理学家哈利·哈洛(Harry Harlow)在20世纪50年代针对恒河猴幼猴做了一系列研究。之所以选择恒河猴,是因为恒河猴的基因和人类相似度很高,对外界刺激所做出的反应和人类非常类似。

哈洛把刚出生的恒河猴幼猴放进笼子里,和两只假母猴待在一起。一只假母猴是用铁丝做的,胸前安装了一个奶瓶,可以提供奶水,被称为"铁丝妈妈"。另一只假母猴是用绒布做的,摸起来比较舒适和柔软,被称为"绒布妈妈"。俗话说"有奶便是娘",按说幼猴应更加依恋"铁丝妈妈",但结果却大相径庭:幼猴大多数时候更喜欢挂在"绒布妈妈"身上,只有感到饥饿难耐时,才会跑到"铁丝妈妈"那里喝几口奶,并在吃饱后迅速回到"绒布妈妈"怀里。

可见，身体接触带来的情感抚慰，对幼猴成长的影响超过了哺乳的作用。哈洛因此提出一个观点：母爱的本质绝对不是简单地满足孩子的饥饿和干渴的需求，接触所带来的安慰感才是母爱最重要的元素。

恒河猴的后续研究还发现，幼年没有获得正常母子交流的幼猴，长大后出现了各种类似精神疾病的行为问题。心理学家认为，这个结论可以推广到人类婴儿身上。**养育环境缺乏稳定而丰富的人际情感互动，会严重影响婴儿大脑的正常发育。**婴儿出生后的前两年，大脑细胞生长旺盛，是神经元和突触（即神经元之间的连接）生长的关键期，需要环境刺激促进突触增长和分化。如果这个时期缺乏刺激，大脑发展就上不了正轨，社交能力及大脑的执行功能（比如，注意力调节和情绪管理）可能终身受损。

英国心理学家约翰·鲍尔比（John Bowlby）在同一时期提出了类似观点。他发现，第二次世界大战后，许多孩子因为战争被迫与父母分离，饱受精神创伤，人格发展方面受到了严重影响。鲍尔比提出，失去妈妈关注的孩子会随着时间的推移进入不同的心理状态，起初是用动作呼唤、抗议，之后便陷入绝望。如果孩子还是看不到妈妈的回应，这种被忽视的状态持续下去，他就会逐渐变得疏离甚至自闭。因此，鲍尔比认为，**婴幼儿需要体验到与稳定抚养者之间有温暖、亲密和持续的关系，并在这种关系中感到满意和享受，这是一个人心理健康发展的必要条件。**

积极的亲子情感联结能促进孩子健康发展

上述研究已经说明，缺乏生命早期的亲子情感互动不仅会损伤孩子大脑发育，还会严重影响其健康人格发展。反过来看，稳定而丰富的亲子情感互动是如何促进孩子健康发展的呢？

孩子出生后，如果父母经常充满爱意地和他互动，温柔地拥抱、抚慰他，及时回应他的需求，那么孩子到六个月左右时就能与父母建立起一种依恋关系。如果在陌生环境下，婴儿看到妈妈从自己身边离开，就会紧张不安甚至哭泣；在看到妈妈回来后，婴儿就会微笑地张开双臂要妈妈抱。心理学中用"安全依恋"（secure attachment）一词来形容这种亲子间积极的情感联结。

安全稳固的亲子情感联结，为孩子探索外部世界提供了安全基地。

你在生活中一定留意过这样的场景：

草地上，一个刚学会走路的孩子有点儿踉跄地向前走去，走几步便停下来回头看看身后的妈妈，仿佛是要和妈妈确认"我可以继续往前走吗"。过了一会儿，他转身走向妈妈，然后一头扎进妈妈的怀里，仿佛在说"刚才离开了一会儿，我有点儿想你了"。他在妈妈怀里待了一小会儿后，会再次离开妈妈，蹲下来摸摸小草，并抬头看看妈妈，仿佛想从妈妈脸上确认"这么做危险吗"。如果妈妈的神情放松、从容，孩子就会放心、自在地继续在草地上玩。

在这个场景中，孩子和妈妈之间建立了安全稳固的情感联结，妈妈是孩子的安全基地，是其安全感的来源。孩子时不时地确认妈妈的反应，从而建立起内心安全感。如果孩子和妈妈之间的情感联结不太稳固，孩子不清楚妈妈是否能支持到他，他就不太愿意从妈妈身边离开去玩，也无法把更多的兴趣投向外部世界，较为缺乏成长的动力。

随着孩子逐渐长大，父母仍要注意继续保持亲子间积极的情感联结，这样父母才有机会获得孩子的信任，发挥影响力。

青春期的孩子有自己看待世界的独立见解，又处在与家庭逐步走向分离的重要时期，父母要想进行直接说服教育往往不是那么容易。如果父母长期忽视孩子的内心感受，总是用指责批评的方式对待孩子，亲子关系就很容易疏远，最终还会让父母失去对孩子的影响力。

这个道理不难理解，假设有一个和你关系不错的朋友，还有一个和你关系疏远甚至糟糕的朋友，他们都跟你分享人生建议，你更愿意听谁的？你多半会选择前者，因为你当然更信任关系不错的朋友。如果父母尊重孩子的感受和需求，与孩子保持良好的情感联结，赢得孩子的信任，那么在与孩子分享人生经验时，孩子也更愿意听。

从人的毕生发展来看，童年时期拥有良好亲子关系的孩子长大后会更加幸福。

心理学史上有一项耗时最长、至今仍在进行的研究——"格兰特研究"（The Grant Study），研究"什么样的人最可能成为人生赢家"。1938年，这项研究选择了268名当年在哈佛大学就读的本科生，追踪研究他们的人生成就和生活满意度，后来又有456名出生于波士顿附近贫困家庭的年轻人也被纳入研究。

研究结果发现，童年时期和妈妈关系良好的孩子，成年后平均年收入会比童年时期和妈妈关系不好的孩子成年后的平均年收入高出 87 000 美元；此外，后者在成年后更容易罹患精神疾病。和爸爸关系良好的孩子，成年后焦虑水平更低。主持这项研究 32 年的心理学者乔治·瓦利恩特（George Vaillant）说，"**温暖、亲密的关系是美好生活最重要的开场**"。

其中的原因不难理解，**孩子在童年时期和父母的关系模式是其之后人际关系的模板**。如果父母在孩子内心是温暖的、有爱的，孩子就会相应地认为周围的世界是可信的，身边的人大多是可靠友好的，从而更能以开放的态度与人交往，更能以灵活的方式去面对挫折和冲突，从而也能收获更多的爱和温暖，感受更多的幸福感。

互动话题

1. 在你成长的过程中，哪一刻能让你深切体会到来自身边人的温暖和理解？

   _____

   _____

2. 这给你带来了什么积极的影响？

   _____

   _____

爱，从陪伴开始

提到"陪伴"，每个人头脑中大概都有自己的理解。许多人会觉得陪伴很简单，算不上什么高深的养育技巧；有的人甚至会认为，陪伴就是把玩具摊出来，告诉孩子"你自己玩吧！我在旁边陪着你"，然后就可以坐在一旁刷手机了。需要声明的是，真正的陪伴并非如此。

什么是真正的陪伴？陪伴孩子需要投入一定的时间和精力。当父母决定要陪伴孩子时，需要暂时放下手中忙碌的事，尽量全情地与孩子互动，把心放在此时此地，和孩子一起欢笑，彼此间有情感呼应。以下是关于如何陪伴孩子的常见问题探讨。

陪伴重在品质，需要专注投入

快问快答

问：我是全职妈妈，整天除了上厕所几乎都陪着孩子，按理说陪伴的时间够长的，为何孩子还是总黏着我？唉，心好累……

答：陪伴的关键并不在于时间的长短，更重要的是陪伴的质量。

先抱抱这位全职妈妈，她把大部分时间都给了孩子，非常劳累。**陪伴孩子需要投入一定的时间，但并不是陪伴孩子的时间越长就越好**。陪伴时间太长，妈妈难免会因身心俱疲反而导致状态不佳、无法投入。从"孩子还是总黏着我"的描述中，可以看出孩子对妈妈的陪伴似乎不太满足，用"黏"这种方式来表达自己想和妈妈建立深层联结的渴求，渴望高质量的陪伴。

当父母在陪伴中无法投入、人在心不在时，孩子很容易就能感觉到。1975年，美国发展心理学家爱德华·特罗尼克（Edward Tronick）做了"静止脸"（still face）实验。在这个实验中，妈妈先与婴儿正常互动，带着慈爱柔和的表情，用愉快的口吻和婴儿聊天。婴儿表现得非常愉悦，手舞足蹈，还不时露出开心的笑容。过了约三分钟，妈妈转过脸去，再回过头面无表情地面对孩子。看到妈妈这副表情，婴儿立刻呆住了，把头转到一边以转移焦虑，并把手放进嘴里吮吸以缓解不安。过了一会儿，婴儿发现妈妈依然没有改变，便开始放声大哭。这时，妈妈赶紧换回慈爱的正常表情，婴儿看到后心情慢慢平复，又变得愉悦。这个实验说明，婴儿比成年人能更敏锐地留意到照看者的情绪变化，且婴儿自身的情绪也会随之变化。

当父母感觉到身体疲惫或心情不好时，如果硬撑着陪伴孩子，那么不仅会消耗自己，还会影响孩子的情绪。与其咬着牙苦苦硬撑着，不如向周围寻找帮手（比如，暂时请家人、朋友帮忙带孩子），让自己好好休息一下，将状态调整好后再重新陪伴。**我们要允许自己做不到时刻陪伴孩子（实际上也没有必要这么做），努力在陪伴时专注投入，提升陪伴质量**。当孩子被高质量的陪伴滋养，渴望联结的需求得到满足时，就不会黏着父母了。

陪伴的活动形式不拘一格

快问快答

> 问：陪孩子时，是不是要玩一些益智类活动，或是带他去参观博物馆、艺术馆等，这样才能启发孩子心智，才算有意义呢？
>
> **答**：陪伴的活动形式可以融入日常生活，因时因地因人制宜。

陪伴的目的更在于保持亲子间的情感联结，让父母和孩子都感到开心愉悦。许多活动都可以增进亲子间的情感联结，不局限于益智类游戏或参观博物馆，更重要的是选择孩子喜欢的、父母也愿意参与的活动，这样双方都能从中获得愉悦。

陪伴的活动形式可以融入日常生活。比如，早上满怀爱意地亲亲刚刚睡醒的孩子，晚上有说有笑地与孩子共进晚餐，放学回家路上和孩子一起蹲下来观察蚂蚁，傍晚和孩子一起看天边的晚霞……

陪伴可以因时因地进行。十几年前，我们全家去浙江千岛湖玩。在一个偏僻的小站等车时，我和三岁的女儿在路边空地玩一个即兴创造的游戏，名字叫"妈妈和宝宝重逢"。女儿先跑开七八米远，然后跑回来，我张开双臂抱住她。这个游戏很简单，但刚好符合三岁孩子想独立又不舍得和妈妈分离的心情。女儿乐此不疲地与我玩了好多次，开心得咯咯笑。

电影《美丽人生》中的父亲，把因时因地陪伴的创造性发挥到了极致。电影中，父亲和儿子被纳粹关进集中营，父亲为了保护儿子幼小的心灵，善意地哄骗儿子这是在玩一场游戏，遵守游戏规则的人最终能获得一辆真正的坦克回家。天真好奇的儿子对父亲的话信以为真，他多么想要一辆坦克呀！父亲忍受饥饿、恐惧、屈辱、痛苦，以游戏的方式让儿子的童心免受伤害……即便在最恶劣的环境下，这位父亲也能化逆境和艰难为陪伴。

陪伴的活动形式要优先考虑孩子是否感兴趣。曾有一位妈妈问了我一个令她百思不得其解的问题："为什么我陪着儿子玩了大半天，他还问我'咱们什么时候能玩'？"我深入询问后才了解到，原来这位妈妈拉着儿子玩角色扮演游戏，希望能促进孩子社交能力的发展。然而，儿子对乐高积木搭建更感兴趣，对角色扮演游戏没什么兴趣，因此会觉得这大半天妈妈都没有陪自己玩。

心理学家哈利·哈洛（就是前文中恒河猴实验的研究者）曾做过以"母爱的本质"为主题的演讲，他在演讲中提出：**"爱存在三个变量——触摸、运动、玩耍。如果你能提供这三个变量，那就能满足一个灵长类动物的全部需要。"** 如果你想不出什么陪伴孩子的方式，那么不妨参考"爱的三个变量"：在触摸方面，可以拥抱孩子、给孩子梳头发、给孩子按摩身体；在运动方面，和孩子一起打球、骑车、散步；在玩耍方面，带着孩童的心态参与到孩子的游戏中。

青少年也需要陪伴

> **快问快答**
>
> 问：青少年已经不需要父母的陪伴了吧？我的女儿好像更喜欢和同伴在一起玩，招呼她一起逛街都不太乐意。
>
> **答：青少年也需要父母的陪伴，但父母应注意选择适合青少年的陪伴方式。**

婴幼儿会缠着父母要亲亲抱抱、一起玩、讲故事；小学生会围着父母说个不停，能明显看到他们对父母有情感依赖，需要父母许多陪伴；青少年对父母似乎不像小时候那么亲昵，有时还会摆出一副爱理不理的样子，好像更喜欢和同伴交流，或独自待在自己的房间里。这是因为青少年通过和父母保持一定的心理距离来维持独立的感觉，他们获得情感需求的来源开始从家庭过渡到家庭以外的世界，通过与同伴交往获得群体认同感。

不过，**这并不意味着青少年已经完全不需要父母的陪伴了，他们同样需要父母的陪伴来舒缓情绪，以更好地应对压力与挫折。**在陪伴青少年的方式上，父母需要尊重青少年的意愿和喜好，选择轻松一些的陪伴方式，且在陪伴过程中注意少说教、多倾听。

> **案例**

2020年年初,受新冠肺炎疫情[1]影响,孩子们居家上网课,我也居家办公。午饭后,我招呼上中学的女儿有空就一起到楼下打羽毛球。我们一边打球一边聊天,她会和我讲在网络课堂中发生的搞笑的事、尴尬的事,以及她在学习中的压力、对未来的迷茫。我认真地听着,偶尔也分享我的看法。这样的聊天比正儿八经交流轻松多了。除了打球外,我有时还招呼她一起烧菜,比平时增加了更多交流的机会,也让我们更了解彼此。

● ● ● ● ●

多子女家庭需单独陪伴每个孩子

快问快答

问:我家有两个孩子,老二出生后我们很注意老大的感受,凡事都是老大优先,经常是全家陪着她做她喜欢的事。尽管如此,老大还是不开心,总是说要把妹妹扔掉……

答:多宝家庭,需要让每个孩子都能享受一段独属于他的亲子陪伴时光。

---

[1] 2022年12月26日,国家卫生健康委员会发布公告,将新型冠状病毒肺炎更名为新型冠状病毒感染。

随着生育政策放开，多子女家庭逐渐增多。以二宝家庭为例，在亲子陪伴时，父母往往存在以下误区。

一种误区是，两个孩子年龄较为接近，父母会同时陪伴两个孩子。比如，带两个孩子一起搭积木，认为这样能尽可能多地陪伴孩子，而且"一碗水端平"。这样一来，每个孩子其实只能获得父母的一半关注，有时会产生不满足感。从父母的角度看，长时间同时关注两个孩子，也会因精力分散而容易感到很累。

另一种误区是，孩子年龄差较大，父母忙着照顾一个孩子，却忽略了陪伴另一个孩子。被忽略的孩子的内心需求没有得到满足，和父母感情疏远或做出一些特别行为求关注，让父母疲于应付。

多子女家庭中，优质高效的亲子陪伴方式是，**每天保证和每个孩子都有一段单独相处的时光。**时间不需要很长，哪怕只给每个孩子十来分钟聊聊天拥抱一下也可以。确保每个孩子在这十来分钟之内不受其他兄弟姐妹的干扰，可以享受父母百分之百的关注。

案例

我家老二出生后的一段时间，老大变得敏感易怒。我反思后发现，我在那段时间把精力都放在了老二身上，很少单独陪伴老大。于是，我开始每周拨出时间来单独陪伴老大，比如带她去吃甜品、陪她去图书馆借书。一段时间后，老大内心爱的亏空被重新填满，情绪就慢慢平稳下来了。

鼓励家人发挥所长陪伴孩子

> **快问快答**
>
> 问：我丈夫经常出差，他在家时我想让他多陪陪孩子，就让他陪孩子做作业，结果他只会训孩子，其他时候就和孩子瞎玩，从不给孩子读绘本……
>
> 答：允许和鼓励家人用他擅长的方式、舒服的方式陪伴孩子。

每个爸爸擅长、喜欢的活动方式不同。有的爸爸是文艺男，给孩子讲起故事生动有趣；有的爸爸是理工男，更愿意和孩子琢磨乐高机器人；有的爸爸是运动男，喜欢带孩子打球、骑自行车……无论是哪种方式，对孩子来说都是温暖的陪伴。

陪孩子做作业通常不能严格地算是陪伴孩子。前面提到，**只有让亲子双方愉悦，产生情感流动，才是真正的陪伴**。陪孩子做作业，父母免不了要指点一番，让双方保持情绪愉悦并非易事，稍有不慎就会导致冲突频发，更何况是不经常在家、不太了解孩子情况的爸爸。

如果妈妈希望增进爸爸和孩子之间的感情，那么不妨让爸爸陪孩子做一些不太容易引发冲突的活动，鼓励爸爸做他擅长也愿意做的，哪怕是玩闹打斗也可以，不一定非得要求爸爸读绘本不可。如果妈妈希望爸爸分担养育重任，就更要让爸爸从轻松的陪伴活动开始，这样爸爸才容易获得成就感，才会越来越愿意参与到养育中来。

每个家人都有其擅长的活动,爷爷奶奶外公外婆也有他们陪伴孩子的独特方式。记得小时候,爷爷奶奶带着我一起包饺子。爷爷力气大,负责揉面、擀皮,奶奶手灵巧,负责包馅。看着面粉和水在爷爷的手中慢慢变成一张巨大平整的面皮,简直太神奇了!奶奶耐心地教我怎么包馅、怎么捏褶子。饺子包好后,丢进水烧开的锅里,上下沉浮翻滚。当我们吃着自己包的饺子时,别提有多香了。爷爷奶奶带我一起包饺子的场景深深印在我的脑海中,成为我童年的美好回忆。

总之,**真正的陪伴有三个要素:状态上专注投入,形式上灵活不拘泥,体验上双方都愉悦**。只要这三点都具备,亲子间就能建立起积极的情感联结,孩子会被来自家庭、来自父母的爱所滋养。

互动话题

1. 在生活中,你通常以怎样的方式陪伴孩子?你的家人呢?

2. 观察一段时间,你认为你的孩子喜欢什么样的陪伴方式?

倾听孩子、理解孩子

父母向孩子表达爱的方式有很多种，可能是送给孩子一艘他期盼已久的战舰模型；可能是亲手为孩子做一个他很喜欢吃的蛋糕；可能是每天晚上睡前陪着他读故事……还有一种爱不能少——倾听孩子、理解孩子。

每个人都渴望被理解，尤其是对如今的孩子来说，他们衣食无忧，在物质上获得了满足，因此更渴望在精神上得到尊重和理解。倾听孩子、理解孩子意味着父母能意识到孩子是一个独立的人，他有自己的感受和需求，父母也愿意用心去倾听孩子内心的声音。**倾听孩子所述，理解孩子所感所想，是维持亲子情感联结的法宝。**

理解之前，心态请先就位

要想理解孩子的所感所想，如果没有保持一份觉察，就会显得说起来容易、做起来难。尤其是在看到孩子有情绪困扰时，父母常见的反应往往是先急着给建议、讲道理，甚至是批评、指责孩子。之所以会出现这些常见反应，一方面可能是因为父母无法承受孩子流露出来的消极情绪（比如孩子哭闹不止），感到心烦意乱；另一方面可能是因为父母长久以来面对困扰习惯于直奔问题解决，急于帮孩子摆脱困扰，忽略了回应孩子当下的感受。

要想理解孩子的所感所想，父母就要让心态先就位，具体可以参考以下几点：

- 当下自身的情绪相对稳定，没有处于强烈的困扰中；
- 能换位思考，体会到孩子的感受；
- 接纳孩子当下所感所想，愿意用比较中立的态度去看待；
- 能同时对自己的状态保持一定的觉察。

以下这个案例能帮助我们理解上述这四点。女儿在高考前一周头痛，妈妈匆匆赶去学校接女儿到医院就诊。这位妈妈将如何与女儿互动，表达对女儿的理解呢？

案例

医生开了止痛药，我取药回来发现女儿在走廊蹲着，无法站立。我心里夹杂着难过、着急、自责：这都要高考了，却出现这么严重的症状，我能做什么？太无助了！（**觉察自己的状态**）无论如何，我都得先稳定我的情绪，这样才有力量去面对。（**努力稳定自己的情绪**）稍微平复了自己的状态后，我猜测女儿大概是因为考前紧张才引发了头痛。

我走过去搀起女儿，让她在医院走廊中的椅子上坐下。吃过药，女儿有气无力地说："头怎么还这么痛啊？药什么时候能有作用？"我拍拍她的背，回应她："你的头痛一直没有缓解，让你担心会耽误学习。"女儿开始哭："怎么办啊？我会落后的……"我说："嗯嗯，你担心考试。"（**体会孩子的感受，尽管有时未必准确**）女儿说："我不担心考试，我就是头痛。"

我有点懵，本来以为她是考前紧张，结果又回到头痛上，只好先顺着她的话："嗯，妞儿难受，妈妈在……"（**接纳孩子**

当下所感所想）女儿说她要休息一会儿，执意要在地上蹲着，身体趴在椅子上。我就坐在她旁边陪着。30分钟后，她不再头痛，我们回家了。

● ● ● ● ●

倾听方式，随机应变

一旦具备了倾听孩子的心态，就可以采取灵活多样的倾听方式，根据情境随机应变。静静听孩子说，**默默陪伴**是一种倾听；在孩子倾诉的时候简短回应"嗯嗯""哦"也是一种倾听；还可以根据对孩子叙述的理解，**重述孩子说的话**；积极、深入地反馈孩子的感受和需求，进行**共情性回应**，也是一种倾听方式。总之，**这些倾听方式都是为了传递对孩子当下产生的情绪或想法的允许和接纳。**

以下将继续之前的案例，看看从医院回家后，这对母女之间开展了怎样的对话？在这些对话中，妈妈又是如何根据孩子的情绪状态和自身的情绪状态，择机选择适当的方式倾听孩子的？

案例

到家后，我好奇是什么引发女儿头痛，就邀请她坐下来喝茶聊一聊。女儿坐在茶桌前，一边喝茶一边说："妈妈，姑姑周末到奶奶家，姑姑训妹妹（姑姑家女儿），不让妹妹说话。"

我："哦?"（简短回应）

女儿:"姑姑跟奶奶说,她同事家的孩子有脑瘤。妹妹问了问,姑姑训妹妹说小孩子问太多。听姑姑的语气,那孩子状况可能不太好,医院拒收说治不了……"

我:"嗯。"(简短回应)

女儿:"妈妈,我害怕生病,生那种病……嗯,其实我也不是害怕生病,我是怕我自己一个人……"

我:"你不怕生病,你怕的是生病了自己要独自面对。"(重述孩子的话)

女儿:"对,要有了病我倒不是很害怕,我怕的是自己一个人面对,那太可怕了!"

我:"嗯,想想都害怕,那样太孤单了,像面对未知的黑洞。"(共情性回应)

女儿开始流泪。

之前女儿检查出鼻间隔弯曲,医生表示需要手术治疗,建议高考后再做,还要全麻。女儿平时就怕打针吃药,对手术自然怕得很,想到一个人进手术室还要全麻失去知觉,更是恐惧不已。此时,我终于理解了女儿为什么头痛。我陪着她,看着她流泪,没有再说什么话。(默默陪伴)过了一会儿,她缓过来一些,问我中午吃什么,整个人似乎轻快了许多。

● ● ● ● ●

案例中女儿的头痛缓解,回到家后情绪相对平稳,母女间开始交流。一开始女儿像和妈妈拉家常,妈妈用"哦""嗯"简短回应,允许女儿说更多。当女儿提到害怕一个人面对手术时,妈妈重述了女儿说的话,和女儿确认自己的理解是否到位。女儿肯定了妈妈的理解,并强调了自己的感受是"太可怕了"。这时,妈妈共情女儿的感受是"害怕""孤单",并描述出一个人面对手术的体验。妈妈的倾听让女儿内心的脆弱被镜映到,女儿的情绪得到了宣泄。当女儿流泪时,妈妈在旁边默默陪伴,给女儿留出消化的空间。整个过程中可以看出妈妈的情绪状态相对平稳,没有被卷入女儿的情绪中。

择机而行,除了要看孩子的情绪状态和父母自身的情绪状态外,还要考虑孩子的年龄。由于婴幼儿语言表达能力有限,因此父母在倾听时可以更加积极主动地回应,表情、语气适当加强一些更能传递对他们的理解。比如,两岁的孩子摔倒哭了,父母可以回应:"宝贝摔倒了,好痛啊!"青少年自我意识比较强、好面子,有时内心的脆弱并不希望被点出来,更希望自己去消化面对,此时父母需要去理解他们,但在言语回应上可以更节制一些,即所谓的"看透不说透",把空间留给孩子。

解读,也是解"毒"

当孩子有情绪困扰时,有时会运用一些有悖社会道德、充满攻击性的语言,比如,"我要杀了他""我要把学校炸了"。父母听到后往往胆战心惊、慌乱不已,连忙制止或争执对错。

其实,孩子这么说往往只是在表达内心某种强烈的情绪,并不是真的要付诸行动。**攻击性语言的背后可能是其内心无法承受的痛苦**。父母不能停留在孩子所表达的字面含义上,更要回到孩子说这句话的语境中,体会孩子在字面背后的强烈感受:"我要杀了他",可能是在表达对某个人的痛恨;"我要把学校炸了",可能是在抱怨作业多到让人无法忍受……

一旦我们体会到字面背后存在的这些可能的感受,就可以把我们的理解反馈给孩子:"你恨死他了""作业这么多,太痛苦了"……这个过程就是倾听孩子,不仅能解读孩子想要表达的意思,还能对孩子的攻击性进行中和解"毒"。

有时候,**攻击性语言的背后是真挚的爱**。一位热心公益的妈妈利用业余时间到儿童医院为小患者做伴读志愿者,她九岁的儿子却说"让那些孩子死掉好了",究竟怎么回事?以下案例将呈现这位妈妈是如何从惊慌失措到后来解读到孩子的内心的。

案例

我是一名公益伴读的志愿者。新冠肺炎疫情前,我每周都会有一个晚上去儿童医院为住院的重症孩子讲故事。每当看到孩子们的笑容,收到家长们的感谢时,我都会觉得自己做的事很有意义。回家后,我兴奋地和儿子分享在伴读中发生的事,儿子的反应大多不冷不热。

有一天,儿子对我说:"妈妈你不要去医院!"我说:"活动已经排定了,妈妈不能不去,如果妈妈不去活动就会受影响,给别人添麻烦。"儿子坚持说:"你就是不要去。"我问他:

"为什么呀？"儿子冷冷地说："让那些孩子死掉好了，关我什么事！"（孩子的攻击性语言）

这句话在我听来简直就是晴空霹雳，我不敢相信居然出自我善良、可爱的儿子之口！在他很小的时候起我就带他参加一些公益活动，希望能在他心里种下爱的种子，现在竟然这样……一时之间，我不知该如何回应。过后，我猜想或许他觉得原本可以和妈妈在一起的时间被其他小朋友占了，或许还可能怀疑自己没有别的孩子重要。我想等待时机重谈这件事。

有一天，我在家休息，拿了一本绘本随手翻着。儿子问："妈妈，你好久没去医院伴读了，什么时候再去呀？"我说："还不确定呢，要看新冠肺炎疫情的控制情况。"说到这儿，我顺便问他："你还记得那次你不让妈妈去医院，想'让那些孩子死掉'的事吗？"儿子说："没什么印象了。"

我说："妈妈当时真的很惊讶，也想不通你为什么会那么生气。现在想想你那么大反应，是不是因为舍不得妈妈离开，放学后好不容易能和妈妈在一起，妈妈却不在家，所以很生气？"（尝试解读孩子的内心感受）儿子点点头，眼睛亮了一下说："妈妈，其实我之所以那么说，还有些担心你去医院，万一被传染了怎么办？"（孩子的真实感受和想法）

我既感动又意外，没想到儿子担心的是我的健康。我说："妈妈没想到你这么关心我。在医院，妈妈会做好防护。听你这么说，妈妈感到很温暖，谢谢！"

你看完这个案例大概也会心生感慨：没想到孩子那么刺耳的语言背后竟然是对妈妈的关心！可见，**我们只有带着更多耐心和包容去解读，轻轻地拨开语言的外衣，才能看到孩子的痛苦脆弱，以及孩子的善意和爱。**

稳定自己，接住孩子的消极情绪

"坏妈妈，我再也不理你了""都是你不好""就是因为你……我才会变成这样"，我们有时会听到孩子这样强烈地指责、抱怨我们，心里会很委屈、很受伤。孩子之所以有这样的表达，是因为他在当时无法承受自己内心的痛苦，便把痛苦分裂出去，投射到周围人身上，且父母往往会成为被孩子投射的对象。

遇到这种状况，**父母首先要稳定自己，不被这种投射击垮或引发暴怒。** 如何稳定自己？重要的是先承认自己的真实感受，在听到孩子的指责抱怨时，父母确实感到委屈、愤怒、恐惧、焦虑等，可以先做几个深呼吸让情绪缓和。然后，待情绪缓和、理智恢复后提醒自己：孩子并非故意针对父母，他只是在强烈的情绪困扰下用这种方式排解痛苦。最后，如果父母情绪已经稳定，也愿意协助孩子摆脱情绪困扰，就可以结合当下场景去理解孩子究竟遭遇了什么，他内心有什么感受。

在接下来的这个案例中，八岁男孩练琴受挫，由此牵连出一些过往的情绪。我特别佩服他的妈妈能够扛住孩子的攻击性语言，耐心倾听，和孩子一起整理情绪，最终迎来爱的相拥。

案例

儿子练琴时，总有一个地方弹错，越练越烦躁，他带着哭腔说："我觉得我很差，我觉得我永远都做不好！"我说："你心里希望自己能做好的，是吗？"儿子说："嗯，可是这是永远都没办法实现的！"我们俩陷入了沉默。

过了一会儿，我打破沉默，问他："你喜欢自己吗？"儿子说："一点也不喜欢，我觉得自己根本不配得到你们的爱，<u>而且你们也并不爱我！</u>"（孩子的攻击性语言）我心里发懵：你是我们唯一的孩子，怎么可能不爱你？但我没有辩解，而是和他确认："你觉得我们并不爱你吗？"儿子回了一声"嗯"，开始流泪，并说：<u>"你还上过怎么做父母的课，但学过之后一点儿都没变。我给过你很多次机会，可你一点儿都没有改变，还是原来的你！我现在一点儿都不爱你，我也不想在你们家待了！"</u>（孩子的攻击性语言）

我好奇地问他："你真的觉得我和爸爸都不爱你吗？"儿子哭着说："我觉得自己很渺小，你们总是在忙着做更重要的事，根本不在乎我。"我说："这时你感觉自己很渺小，很无力。"（**解读孩子的感受**）儿子说："是的。"我问他："你觉得我们忙着做了哪些更重要的事而忽略了你呢？"儿子说："比如工作、监考、改卷子之类的。"我和他爸爸都在高校工作，平时一有空就会陪伴儿子，到了学期末就会比较忙，有时的确顾不过来。我对儿子说："你觉得自己被忽视了。"（**解读孩子的感受**）儿子点头。

我说:"没想到我们给你这样的感受,我真的很抱歉。我第一次做妈妈,不知道怎么做一个好妈妈。"儿子开始默默地哭。我真诚地看着他,继续说:"你很勇敢,可以这么真实地告诉我你心里的想法。我很感谢你跟我分享这些,而且我也真心觉得对不起你。我还是很爱你的,也希望你能爱自己,给自己一点儿耐心和宽容。"(妈妈坦诚自己的内心感受和看法)

儿子突然一把抱住我:"妈妈,其实我很爱很爱你,可是我就那么一点点爱,我只能把这些爱贡献出来爱你们了,我不能爱我自己了。"我擦干了他的眼泪,抱着他说:"你只有先爱够了自己,才能真正去爱别人。一定要记得哦!"

待儿子的情绪平复后,我问他:"你真的认为这些年我一点儿变化也没有吗?"儿子有些不好意思地说:"有变化的,你比以前好多了,真的有变化。我刚才那么说你,你生气吗?"

● ● ● ● ●

当听到孩子说"你们并不爱我""我现在一点都不爱你,我也不想在你们家待着了""你们总是做更重要的事,根本不在乎我"这些话时,父母一定会感到很扎心,但千万别只停留在字面意思上。案例中的孩子说这些话,其实是想表达其内心正在经历的强烈无力感——当下这种感受太糟了,到了无法承受的地步,便把所有的"坏"都丢到了父母身上。

难能可贵的是,案例中的妈妈既没有被激怒,也没有和孩子进入对错争执,而是耐心地邀请孩子多谈一点儿,并回应孩子的无力感,真诚地表达自己对孩子的爱。孩子体验到即便是自己处于如此糟糕的状态中,仍然能被妈妈接纳和包容,情绪便渐渐获得了平复。待孩子情绪稳定、恢复了理性后,便能客观地看待父母,也能看见父母"好"的一面,肯定妈妈("你比以前好多了"),还能与妈妈共情("我那么说你,你生气吗")。

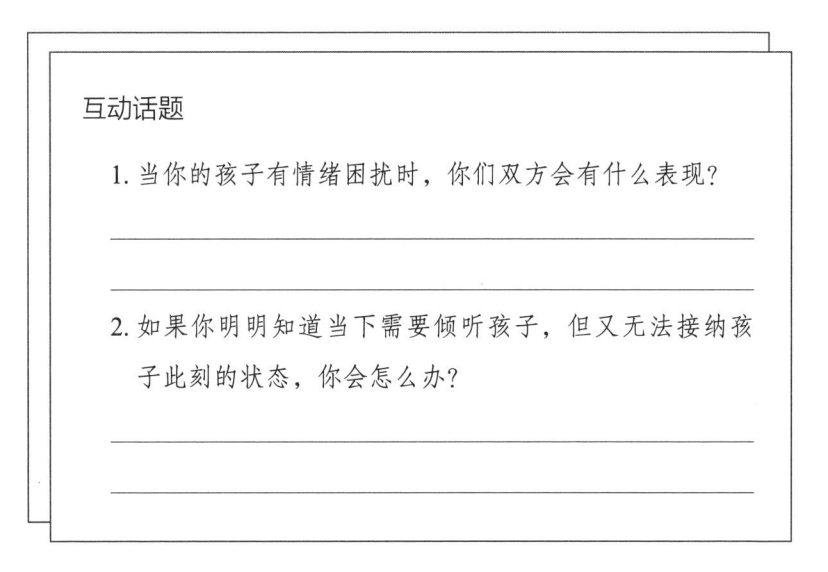

互动话题

1. 当你的孩子有情绪困扰时,你们双方会有什么表现?

___

___

2. 如果你明明知道当下需要倾听孩子,但又无法接纳孩子此刻的状态,你会怎么办?

___

___

坦诚沟通,不伤害

减少用暴力的语言与孩子沟通,能让孩子更多地感受到来自父母的爱。遗憾的是,生活中的亲子沟通充斥着太多暴力语言。

案例

爸爸推开孩子房间的门,看到孩子拿着手机看。

爸爸:"你怎么又在看手机?一点自控力都没有!你就是不专注!"

孩子没考好,回家时耷拉着脑袋。

妈妈:"你怎么又没考好?瞧瞧你那不开窍的脑袋!我为了你,连工作都不要了。每天想着你吃什么、学什么,你这样对得起我吗?"

● ● ● ● ● ●

有些父母无法接纳孩子的某些行为,一旦看到孩子有这些行为就迅速上纲上线,对孩子人格、品性、未来前途做出论断,唠叨、谩骂发泄情绪,很少考虑孩子的需求和感受。这样的指责贬损会带来什么影响呢?

美国婚姻专家约翰·戈特曼(John Gottman)分析许多对夫妻在周末的谈话,发现**幸福的关系需要积极的语言去维系**。在幸福的婚姻中,积极语言和消极语言的比例往往不低于 5∶1,也就是说,一句鄙夷或人身攻击的消极话语,通常需要靠五句赞美肯定的话语去修复和弥补,才能勉强维持原有关系的质量。

可见,消极语言对关系的损耗很大,很伤感情。对亲子关系来说也是如此。**如果父母经常对孩子使用暴力语言,比如指责、贬**

损、恐吓、威胁、嘲讽孩子，就会严重损害亲子关系，引发亲子联结断裂。

人在被贬低、被指责时，心里会感到受伤、难过，并由此带来关系的疏离，对沟通心怀抵触和抗拒。如果孩子在亲子互动中总被暴力语言对待，就会慢慢关上心门，不敢和父母交流，也不愿和父母交流，因为交流就意味着要自讨苦吃。如果他的心里有委屈，那么宁可往肚子里咽，也不会和父母说。

如果把经营亲子关系比作打理银行账户，那么前面提到的父母用心陪伴和倾听、理解孩子，增进亲子间积极的情感联结，就相当于往亲子关系账户里"存款"。父母在日常生活中经常性地指责、贬损孩子，就相当于持续地从亲子关系账户"取款"。假以时日，亲子关系账户陷入亏空，就会走向亲子关系的断裂。

父母的指责、贬损会伤害孩子的自尊，让孩子变得不自信。 孩子会根据外界评价，逐渐形成自我概念。如果孩子在成长过程中总是被指责贬损环绕，就会在潜移默化中吸收了大量的消极暗示，渐渐地，他会认为自己真的满身都是毛病，从而在内心深处变得胆小自卑、怕担责任。

如果父母长期指责、贬损青春期的孩子，孩子就可能会面临更大的风险。 脑神经科学研究发现，青少年大脑中掌管情绪的边缘系统高度敏感，而负责情绪控制的前额叶却还在发育中，他们的大脑像一辆已安装好了发动机但没安装好刹车的车。当父母和青春期孩子发生冲突时，成年人会觉得自己只是数落了他一两句而已，但在青春期的孩子听来，这些指责会被放大很多倍。也就是说，青春期孩子对指责、贬损更加敏感，可能由此做出冲动性的自伤甚至是自杀行为。

父母应如何和孩子坦诚沟通呢？

让孩子知其所以然，建立规则意识

读到这里，你可能会产生困惑：指责、贬损的确有很多弊端，但要是孩子做错了事，我都不能骂他吗？这不成纵容孩子了吗？

如果孩子吃大量垃圾食品、天天通宵玩电子游戏、无视交通规则乱穿马路、损坏小区公共物品等，父母都依着孩子，孩子想怎样就怎样，不提醒也不制止，那就是纵容孩子。一旦孩子伤害自己、破坏公物，或所作所为给周围人带来了麻烦，父母就有责任站出来教育孩子，但教育不等于凌驾于孩子之上地进行指责、贬损。**教育需要讲究方法，让孩子知其所以然、心服口服，这才是长远、有效的教育。**

你可能会有新的困惑：要是我不给孩子点颜色看看，孩子能改变他的行为吗？以下是我和儿子在他上小学二年级时共同经历的一件事。这件事让我愿意相信，**以平等的态度和孩子坦诚地沟通，能让孩子更愿意改变他的行为。**

案例

"你赶紧看看,你儿子是不是刚刚往楼下扔了纸飞机?一楼邻居曾跟我们抱怨院子里有纸屑,可能就是纸飞机。"楼长在电话中跟我说。

我到阳台上探头一看,呀,一楼院子里果然有一些纸飞机。那段时间,儿子叠了很多纸飞机在家飞来飞去,我没有想到,他竟然还将一些丢到了楼下。

我向儿子复述了刚才楼长打电话反映的情况,他沉默不语。我说:"妈妈猜,往楼下扔可以看到纸飞机飘来飘去的整个过程,你觉得很开心。"他"嗯"了一声。我接着说:"<u>但是有些纸飞机掉到一楼邻居的院子里了,他们得花时间打扫,心里很郁闷。</u>"(客观阐述孩子行为带来的消极影响)儿子似乎意识到了自己的行为不妥,没有争辩。我补充了一句:"<u>我有些自责,这段时间看到你在家玩纸飞机,没有及时提醒。</u>"(妈妈坦诚自己的内心感受)

儿子认真思考了我说的话。停顿了一会儿,我和他商量可以做点什么补救措施。听楼长说,一楼邻居不是天天在家住,我们决定先给他写一封道歉信。晚饭后,儿子主动坐到书桌前写道歉信,有些字不会写还用拼音代替。我们一起下楼送道歉信,很巧在门厅遇到了一楼邻居。我连忙向他道歉,儿子递上道歉信,邻居谅解了我们。此后很长一段时间,我时不时探头看看一楼院子,都没有发现纸飞机。

对于"七岁八岁狗都嫌"的孩子,他们沉浸在玩乐当中,未必清楚地知道自己的行为会给他人带来什么影响,因此我们需要明确指出孩子具体哪些行为不恰当。**我们不仅要制止孩子的不当行为,还要告诉孩子原因是什么**,比如客观陈述孩子的做法会带来什么消极的影响,让孩子明白为何不能这么做。

这样的反馈方式可以促进孩子逐渐形成一种思维习惯——做事情时会想得更加周全:我这么做是否会影响到他人,是会带来积极影响,还是会制造干扰和麻烦。这样一来,孩子不仅能逐渐形成规则意识,还能明白规则是为人服务的。如果他在将来有机会成为领导者,就可以引领规则的制定并将规则制定得更人性化,从而更好地服务于社会。

唤起孩子的共情能力,促进行为改变

共情能力是理解或感受他人正在经历的事情的能力。共情能力是一个人情商的基石。具有一定共情能力的孩子,能站到对方的位置上换位思考,因此行为举止更加得体,人际交往更有分寸感。

如果孩子的行为干扰到了父母,父母就有必要坦诚地表达自身感受,以唤起孩子的共情能力。比如,晚上 11 点了,孩子还缠着筋疲力尽的爸爸玩骑马游戏,那么爸爸可以跟孩子表达"我已经很累了",这样可以促使孩子跳出自我中心,从而调整自己的行为,从中学会体谅他人。

以下这位妈妈两次提醒青春期的女儿收拾行李未果，于是她真实地表达了自己的内心感受，促使女儿反思自己的行为。

案例

15岁的大女儿要去国外上中学。出发前一周，我和她商量好这次的行李完全由她自己整理——她先整理一遍后，再告诉我还需要补充或购买什么。一天过去了，两天过去了，三天过去了，她一直没有收拾的迹象。其间，我两次温和地提醒她记得收拾行李。然而，直到出发前的一个晚上，她还是没有开始整理行李。我实在忍不住，语气严肃地直接面质她："我提醒过你两次，你都没有行动。看到你的行李到现在没有整理，让我感觉心里很慌，实在没底。"（表达妈妈内心真实感受）

本来陷在沙发里的女儿立刻站起来看着我，沉默两秒后说："你看起来有点心烦。"（女儿理解到妈妈内心的感受）"是啊，你的行李没有整理，我怎么知道你是否还缺东西，是否还要帮你购买什么呢？"说完这句话，我突然感到自己没有那么郁闷和难受了。女儿刚才对我的倾听、理解，缓解了我的情绪。女儿开始收拾行李，我帮助她一起打包。很快，家里的气氛又恢复了轻松。

• • • • •

妈妈表达了"我心里很慌，实在没底"的真实感受，促使女儿去理解妈妈。显然，妈妈的表达引起了女儿的重视，女儿也开始理解妈妈此刻的心情（"你看起来有点心烦"）。这种平等坦诚的沟通好处多多：一方面，父母无须刻意压制自己的感受，憋出内伤，而是可以把自己的真实感受表达出来；另一方面，促使孩子走出自我中心，去体谅他人，也有助于孩子的成长。

如果孩子的行为干扰到了他人，父母就有必要促使孩子进行换位思考，让共情能力推动其行为的改变。 比如，前面提到儿子把纸飞机丢到一楼邻居家的院子里，我跟儿子解释"邻居得花时间打扫院子，心里会很郁闷"，以此促使孩子体会邻居的心情，从而调整自己的行为。

在以下案例中，爸爸通过换位思考，唤起儿子的共情能力。

案例

我和妻子从老师那儿得知，读小学一年级的儿子和几个男生放学后在教室里打打闹闹，玩笑间还参与扒一个男生的鞋子和裤子。妻子气得要揍孩子，我觉得不能以暴制暴，但扒裤子的行为侵犯他人的身体边界，必须制止。

我像拉家常一样问儿子："我可以问你一个问题吗？""什么问题？"儿子看着我。我说："请问，动物是不是不穿衣服？比如，院子外的小猫。"儿子不假思索地说："动物都没有衣服的。"我紧接着问："人类是不是都穿衣服？比如，路上的行人。"儿子吐吐舌头回答："哎，这个当然啦，人都穿衣服啊！"

"这就是人与动物的区别，人穿衣服，动物没有衣服。"我话锋一转，"如果有人把你的裤子扒掉，你会有什么感受？"（促使儿子进行换位思考）儿子有些难为情地说："肯定不舒服，太羞了……"我认真地说："那个被扒了裤子的男同学，就会有这种很不舒服、很羞的感受。"（描述同学的感受，唤起儿子的共情能力）

过了一段时间，我问儿子后得知，他没有再参与扒同学的裤子。他还问我："有几个男生喜欢围着那个曾被扒裤子的男孩又打又闹，那个男孩应如何阻止？"我说："他需要爆发一次，大声拒绝，说出自己的感受。"儿子说："我去跟他说说，要是不同意被闹就要大胆地说出来！"

● ● ● ● ●

在这个案例的最后，孩子自发地停止了自己之前的不当行为。可能是因为孩子体会到了那个被欺负的男孩的感受，他甚至开始思考如何帮助那个被欺负的男孩。这种巨大的转变，不得不说是与共情能力的唤起有关。

觉察孩子的情绪变化，及时切换到倾听

有时当父母跟孩子坦诚对话时，尽管不带贬损、辱骂孩子的意图，但孩子仍然会产生抵触情绪，因为他觉得自己被挑战了，便想为自己说话。如果父母认为孩子这是故意在和自己对着干、只会狡

辩死不悔改，就很可能会让亲子之间产生对抗，陷入僵局。此时，更加巧妙的处理方式是，父母暂停表达自己的看法，及时切换为倾听孩子，先缓和稳定孩子的情绪，待孩子的情绪稳定下来后，父母再表达自己的看法也不迟。

一位妈妈在与上初中的女儿沟通学习情况时反遇孩子的"控诉"，她是如何处理的呢？

案例

上学期期末考试，女儿的成绩出现了严重退步。回想起考试前一段时间，她似乎没有进入学习状态，于是我准备跟她聊聊。

有一天晚上，我跟女儿说："我看到你的期末考试成绩不太理想，我们一起来找找原因吧。期末考试前，我看你经常用手机和同学聊天……"刚说到这里，女儿就有情绪了。她说："那时你对我的态度特别不好，经常很烦躁。我都不想到客厅来，只能闷在自己的房间里。"

我很吃惊：有这回事吗？差点脱口而出"你怎么回事，倒说起我来了"，但我知道孩子这时候有情绪，需要倾听，便克制住了自己。我回应她："那时候妈妈是这样的吗？我自己都没有觉察到呢！你来说一说，那时候发生了什么。"**（及时切换，倾听孩子）**

女儿"控诉"当时的场景，一边说一边哭。我在旁边静静地听着。等她情绪平稳些，我诚恳地跟她说："幸好你告诉了我，否则我都不知道那时让你这么难受。今后我会多注意自己的说话方式，如果我对你说话的态度又烦躁了，你记得及时提醒我哦！"女儿点头说"好的"。然后，我跟她聊了聊接下来的学习安排，她也谈了她的看法和计划，聊完后就回自己的房间学习了。

● ● ● ● ●

在案例中，妈妈听到女儿"控诉"，觉察到自己升起的情绪后按捺住了自己，没有"回击"女儿，而是邀请她说一说当时发生了什么。女儿获得了机会和空间，得以表达自己内心的委屈。稍后，妈妈真诚地向女儿表达了歉意，待女儿的情绪得到进一步平复后，妈妈才继续和女儿聊学习安排。

父母在与孩子说话时容易陷入一个误区：一厢情愿单方面地不断输出，只想急迫地说服孩子，让孩子听自己的，却忽略了孩子的心声。父母需要表达出自己的所感所想，让孩子理解父母的内心；同时也别忘记时不时停下来听听孩子内心的所感所想，让孩子感觉到自己被倾听、被理解。在孩子感觉到自己被父母理解后，会更愿意去理解父母。**只有以平等的心态去沟通，并能及时停下来关照对方、坦诚自己，才能达到相互理解的目的。**

互动话题

1. 在你成长的过程中,是否被指责、被贬损过?当时你的感受如何?

   _____

   _____

2. 近期孩子的什么行为让你无法接纳?这个行为给你或他人带来了什么影响?对此你有什么感受(比如,焦虑、挫败)?

   _____

   _____

第 3 章

轻推,让孩子获得信心

第 3 章　轻推，让孩子获得信心

> **如果每个孩子都能有一只温柔的手引导着他前进，而不是用脚去踢他的胸脯，教育就能更好地完成自己的使命。**
>
> ——亨利克·显克微支（Henryk Sienkiewicz），波兰作家

我们在努力练习某种乐器后，如果发现自己能弹出一首完整的曲子就会产生一种内心踏实笃定、相信自己"能做到"的美好体验，这就是胜任感。胜任感是一种愉悦的体验，也是一种正反馈，激发了我们持续从事这项活动的动力。胜任感会启动积极循环，迎接未来更多的成功。**在挑战面前，孩子感受到自己有能力克服困难、完成任务，会对自己更有信心，也更愿意迎接未来的挑战。**

在日常生活中，父母如何轻推孩子，让孩子对自身能力有信心、拥有胜任感呢？当然，父母不能盲目地往孩子身上用力，而要先观察孩子，尊重孩子自身的特点，接纳差异。在接纳孩子特点的基础上，运用小步子渐进的原则轻推孩子，一旦孩子通过努力获得小小的进步就能获得胜任感："我能做到！我是有能力的人！"在本章的最后，我将主要针对轻推三步走中的第一步（稳定情绪）和

第三步（肯定孩子）详细展开阐述。

我能做到，所以自信

> ✏️ **案例**

作为一个土生土长的闽南人，我直到上大学才开始在非上课场合讲普通话。刚上大一时，一张口就总会有几个音发不准，比如"吃'发'（花）生"，常被当成笑料，十分苦恼。我暗暗下决心提高自己的普通话水平，把《新华字典》翻了个遍，总结自己发不准的音，把正确发音抄写在小卡片上塞进裤兜里，平时看到有文字的广告、横幅就念，并马上拿出小卡片比对纠正。和北方同学交谈时，留心模仿对方的标准发音，虚心请教。三个月后，我的普通话水平明显提高，表达流畅、自如了许多。不仅如此，我还体会到一种欣喜的自信：我不差，我能做到！

练习普通话获得的胜任感使我对自己整个人都有了信心：普通话说得那么烂都能通过找诀窍努力练习而翻盘，人生还是有很多可能啊！从那之后，我逐渐从刚进校园时的惶恐、低迷中走出来，主动迎接大学生活。

胜任感让弱者逆袭，让强者愈强

从我的经历中可以发现，最开始处于弱势状态，但通过努力获得成功经验，所获得的胜任感就像催化剂一样，推动着我迎接未来更多成功，实现"弱者逆袭"。这一切究竟是如何发生的？2017年7月，浙江大学胡海岚教授的研究团队在《科学》杂志发表题为"胜负经历重塑丘脑到前额叶皮层环路以调节社会竞争优势"的论文，证实了弱者逆袭背后的大脑神经机制。

研究人员让老鼠两两一组在一根狭长管子里互相推搡，有些老鼠在推搡时主动退出或是被对手推出管子，它们属于比较弱小的老鼠，因而被研究人员挑选了出来。研究人员通过刺激这些比较弱小的老鼠的前额叶皮层神经元，增强其对抗性，使这些原本弱小的老鼠推挤得更加用力和持久，最终将之前比自己强大的老鼠推出管子，赢得胜利。

最神奇的是，在拥有六次以上的胜利经验后，曾经弱小的老鼠不再需要研究人员去刺激其前额叶皮层神经元，它们就可以仅凭自己的力量一直保持胜利，实现弱者逆袭。

这个实验说明，所谓"强者"往往并非天生就强，甚至很可能一开始是"弱者"。**先天弱势的逆转，来自成功经历的积累，这些成功经历能让大脑发生长久持续的改变，从而迎接未来更多的成功。**在"弱者"变为"强者"后，随着他们成功经验的进一步巩固，获得成功变得越来越容易，就是"强者愈强"。

遇到同样的挑战，有的孩子能克服挑战，有的孩子却早早放弃。其中的差异往往不在于孩子的能力本身，而在于孩子是否对自己的能力有信心，是否认为自己有能力可以克服挑战。信心从何而来？别人的赞美夸奖也许能给他们一些鼓励，而**真正的自信则更多的是需要内心拥有胜任感，相信自己有能力做到**。基于胜任感建立起来的自信，如同脚踩大地一般扎实。

孩子的成长也是一个不断学习的过程，从学走路、学说话、学吃饭，到学习人际交往、运动技能、学科知识等。每个人在学习之初都是弱者，会经历失误和出错，会遭受挫败感的打击，经过不断练习逐渐积累成功经验，收获胜任感。可以说，**人是在不断地体验挫败感和胜任感中成长的**。挫败感在人的成长过程中如影相随，但并不可怕，挫败感有可能经过后续成功经验的积累转化为胜任感，甚至正因为有了最初的挫败体验，当取得进步时获得的胜任感往往更加强烈和深刻。

有些孩子在刚刚上小学时，字写不好、算术学不会，内心很受挫，会发脾气甚至抗拒学习。这时非常考验父母！父母可以协助孩子消化这种挫败感，并协助孩子去积累成功经验，让胜任感的势头大过挫败感，帮助孩子恢复对自身能力的信心。如果你觉得做到这些很难，那么你至少可以做的是不去指责、贬损孩子，以免加深孩子的挫败感，就已经是在帮助孩子了。

用对方法，协助孩子获得胜任感

电影《阿基拉和拼字大赛》(*Akeelah and the Bee*)讲述了 11 岁黑

人女孩阿基拉挑战自己，最终赢得全美拼字比赛冠军的故事。阿基拉原本对待学习漫不经心，有些叛逆，还会逃课。尽管她有拼字天分，但是她在第一次参加拼字比赛时，眼神中透露出更多的是胆怯、自卑。

幸运的是，她遇到了拉诺比博士。在拉诺比博士的悉心指导下，她克服困难过关斩将，最终站到全美拼字比赛的擂台上。这个时候的她，变得自信坚定。这种真正的自信源于她经历的重重考验，在拼字中获得了胜任感。这一切除了阿基拉自身的不懈努力外，更与拉诺比博士的激励和指导分不开。

拉诺比博士发现阿基拉对自己并没有太大信心，于是让她朗读南非总统曼德拉的一段就职演说词："我们最深刻的恐惧，不是我们无能，而是我们的力量无边无际……当我们让自己散发光芒的时候，我们就摆脱了自己的恐惧……"拉诺比博士用这种方式告诉阿基拉，要相信自己的潜力。除此之外，拉诺比博士还用什么方法协助阿基拉获得胜任感呢？总结起来有以下几点。

一是尊重个体差异。每位学习者都有自己的学习方式，比如阿基拉在背单词时习惯用手有节奏地拍打腿部。拉诺比博士敏锐地观察到阿基拉无意中在找节奏，没有要求她改掉小动作，而是充分利用这个特点，鼓励她更有意识地找到节奏感，让她通过一边跳绳一边背单词去放大节奏感。事实证明，基于阿基拉个人特点发展出来的学习方式的效果特别好。

二是轻推促进进步。拉诺比博士让阿基拉明白，所有看似奇怪无序的词汇都来自简单词的再组合，这促使阿基拉改变了原来死记硬背的记忆方法。在教学过程中，拉诺比博士会出题挑战阿基拉，激发她继续向前的动力，促进她更上一层楼。

三是不施加比较压力。影片的高潮是阿基拉参加全美总决赛的比赛过程。比赛后台，一位亚裔父亲咆哮着向孩子施压要拿到冠军，而拉诺比博士则像慈父一样安抚阿基拉。拉诺比博士向阿基拉传递了这样的信念：人生的最终目的不是拼字，而是用拼字拼出自己的生活，发挥自己的潜能。这就让阿基拉避免了把能量过多地消耗在和他人比较、迎合外界的评价上，而是把更多的精力放在提升自身上。

在日常生活中，父母如何协助孩子获得胜任感呢？相信你一定能从拉诺比博士的做法中获得不少启发——**在尊重孩子个体差异的基础上，采用小步子渐进的方式轻推，为孩子注入力量而不是以恐惧绑架孩子**。在接下来的部分中，我们将具体展开阐述。

互动话题

1. 你在学习某种技能（比如，游泳、滑冰、骑车、开车等）的过程中，体验过"我能做到"的胜任感吗？

   _____

   _____

2. 观察你的孩子，在做哪些事情（比如，搭乐高积木、唱歌）时很享受"我能做到"的胜任感？

   _____

   _____

观察孩子，尊重差异

父母希望孩子在学业、体育或兴趣爱好方面获得胜任感，**首先不能盲目地往孩子身上用力，而要去观察孩子，尊重他的特点。**

著名学者吕叔湘先生曾做过一个比喻，说教育是农业，不是工业。叶圣陶先生进一步阐述如下："工业是把原料按照规定的工序，制造成为符合设计的产品。农业可不是这样。农业是把种子种到地里，给它充分的合适的条件，如水、阳光、空气、肥料等，让它自己发芽生长，自己开花结果……"

孩子就像一颗种子，养育的重点是给孩子提供适合他的条件，让他得以充分发展。养育者需要对一颗种子所经历的发芽、抽枝、开花、结果的过程有大概的了解，需要弄清楚这颗种子是南瓜籽还是西瓜籽。观察了解孩子，可能要过以下这三关。

第一关：了解孩子所在年龄段有哪些普遍的心理发展特点

孩子在不同年龄段的特点不同，身体发育、语言能力、思维水平、情绪的自我调节和人际交往能力都不同。比如，幼儿园的小朋友有一种魔幻式思维，认为周围没有生命的物体也会思考、也有感受，小学生则不会这么认为。了解孩子所在年龄段的心理发展特点，我们能更好地理解孩子当下的行为表现，调整对孩子的期待。

曾有媒体报道，江苏南京有一位博士爸爸，试图让一年级的儿子和正在上幼儿园的女儿学习中学和大学的知识内容（比如，文言文和大学高等数学）。这位爸爸还要求孩子们每天坚持学习到深夜，孩子一旦不听话他就会变得脾气暴躁，甚至还出现过谩骂和打孩子的情况，被逼无奈的妈妈最终只能选择向法院求助。

望子成龙、望女成凤乃人之常情，但对孩子的合理期待需要建立在符合孩子的心理发展特点上。高等数学需要运用抽象思维，适合具备抽象思维能力的大学生学习。幼儿和小学低年级的孩子的思维方式还比较具体，不太能理解过于抽象的东西。对于他们来说，更重要的是在生活中培养数感，为将来的数学学习打好基础。拔苗助长式地让孩子进行超前拔高学习，会让孩子感到学习吃力，容易产生挫败感，若因此丧失学习兴趣反而不利于后续的学习。同时，父母教得累，也容易产生挫败感，免不了要发火吼孩子，影响亲子关系。

再如，青春期孩子的父母往往会发现，孩子和父母似乎不像小学时那么亲密，他们更喜欢和同伴交往，或在自己的房间里独处。有的父母会因此感到很失落，拼命检讨是不是因为自己哪些方面做得不好。实际上，**青春期是为孩子将来离开家做准备的时期**，青少年需要和父母拉开一定距离来维持自己的独立性，更多的同伴交往可以帮助他们走向更广阔的世界。

当我们期待孩子应该做到什么时，往往是在用成年人的标准去衡量孩子，可能已经忘记了自己也是从一个懵懵懂懂的孩子一步步走过来的。**凡事皆有定期，万物皆有定时**。孩子的成长需要时间，不同的发展阶段有不同特点。**让孩子成为孩子，去体验成长的过程。**

第二关：清楚孩子有哪些独特的能力和个性

播下南瓜籽不可能长出西瓜来。**每个孩子天生都自带不同的基因，具有不同的能力倾向和秉性。**因此，我们得先搞清楚孩子与生俱来的特点，静下心来观察孩子对什么感兴趣、在哪些方面更擅长，了解孩子天生的气质秉性。

首先，了解孩子的优势能力，顺势而为。

美国心理学家霍华德·加德纳（Howard Gardner）观察了儿童各方面的能力发展，并研究了脑损伤患者、智力超常的人的大脑，最终在此基础上提出了多元智能理论（theory of multiple intelligences）。他认为，人至少存在八种智能类型：音乐智能、身体-动觉智能、逻辑-数学智能、语言智能、空间智能、人际智能、自我认识智能、博物学家智能。每个孩子天生都有自己独特的智能优势，比如，有的孩子擅长语言表达，有的孩子有音乐天赋……

八种智能类型中的前五种从名称来看就大概能理解其含义，我们重点来解释一下后三种智能。人际智能，是能理解他人意图、动机和感受的能力，这种能力有助于与他人有效沟通协作，教师、销售人员、政治领导人都需要有良好的人际智能。自我认识智能，指理解自我情绪并知道自己优缺点的能力。博物学家智能，是一种能够对各种动物、植物进行辨识和分类的能力，在这方面突出的孩子可能会成为优秀的动植物研究人员。本书第1章提到的纪录片《小小少年》中，有一位喜欢观察昆虫的少年，就具有很突出的博物学家智能。除了这八大智能外，加德纳后续还谨慎提出可能有存在智能。这是一种与深刻哲学思考（比如，"我们为什么活着""我们从哪里来"）有关的智能，这方面突出的孩子可能会成为哲学家。

传统的学校教育主要关注语言智能、逻辑－数学智能，这两方面智能不占优势的孩子往往会被贴上"差生""学渣"的标签。他们在其他智能方面的优势，以及独特的学习方式往往没有被看到。**如果我们用多元智能的眼光去看孩子，就会发现每个孩子都有其闪光点。**

孩子的自尊好比一栋房子。如果只用学科成绩来衡量孩子，就相当于支撑房子的只有一根立柱，一旦孩子在语言智能、逻辑－数学智能方面的表现不佳，自尊就很容易坍塌。身为父母，我们要尽可能地创造机会，让孩子多多参与生活劳动、社会实践，去探索不同领域，让孩子的优势能力得以发挥，从而有机会在学业之外的其他领域获得胜任感。**一旦孩子能在一两个领域对自己有信心，就有机会延伸到其他领域，自尊也有了更多支撑，就会觉得生活有意思，活着有意义。**

其次，尊重孩子的个性，因势利导。

每个孩子一生下来都会带着自己独特的秉性、气质。需要注意的是，心理学中的"气质"并不是指日常生活中我们所说的"气质高雅"的意思，而是指一个人与生俱来的心理特征。刚出生的婴儿，有的哭闹不止很难安抚，有的不吵不闹温顺安静，这就已经显现出了他们不同的气质类型。

气质类型反映了一个人心理活动的速度、灵活度和强度，与高级神经活动有关,主要受遗传和生理因素的影响。目前流传较广的气质类型划分方式是根据内外向和情绪稳定性两个维度,把人分成四种:多血质、胆汁质、黏液质和抑郁质。了解孩子的气质类型,父母在亲子互动中就能更有心理准备,以便在尊重其个性的基础上对孩子稍做引导。

多血质的孩子外向,情绪稳定,像敏捷的豹子一样灵活好动。他们容易适应新环境,做事效率高,兴趣广泛,但由于他们的思维活跃,因此有时也容易浮躁、分心。父母可以提醒多血质的孩子在做事的过程中更深入、专注地思考,锻炼做事的耐心和毅力。

胆汁质的孩子外向,情绪不稳定,像冲动的狮子一样热烈奔放。他们干劲十足,不怕困难,直率豪爽,多数是急性子,容易一点就着,有时做事冲动,不考虑后果。父母在面对胆汁质孩子的情绪爆发时需要先稳住自己,之后再协助孩子摸索出有效控制情绪的方法。

黏液质的孩子内向,情绪稳定,像勤劳的蜜蜂一样安静沉稳。他们踏实可靠,严格遵守秩序,能保质保量地完成任务,在情感表露上显得克制忍让,遇到压力时容易回避退缩。父母一定不要吝啬对他们的鼓励,要提升他们的自信和活力,支持他们迎接挑战、打破常规。

抑郁质的孩子内向,情绪不稳定,像敏感的小猫一样敏锐羞涩。他们拥有敏锐的洞察力,能觉察到一般人觉察不到的东西,这也让他们容易悲观挑剔、情绪化,行动上显得迟疑腼腆,交往面窄。父母要包容他们表现出来的"不合群",不要强迫他们广泛社交,但要鼓励他们学会与人合作。

以上描述是四种气质类型各自的典型特征。对许多孩子来说,其气质类型可能是两种或三种的混合型,也就是以某一种气质类型为主,兼具其他气质特征。虽然每种气质类型各不相同,但都各有利弊,并不存在绝对完美的气质类型。重要的是,**我们需要看到孩子气质类型上的优势,鼓励其发挥所长,同时对其弱项稍做预防,让其个性发展更加稳健。**

第三关:接纳孩子可能存在的发展障碍

案例

校校从小是一个乐观开朗、聪明伶俐的孩子,有着超出同龄人的幽默与睿智。可是,他在上小学后成绩一直都很不理想,全家人轮番上阵给校校补习功课,他本人也很努力,但都无济于事。他的问题从识字开始显现出来,无论他看多少遍、写多少遍,依然读不出、写不对。因为他有读写障碍,所以他的语文成绩很差;因为他读不懂题,所以他的数学成绩不好;因为记不住字母的顺序,所以他的英语成绩也上不来……甚至他升入五年级后,很多在低年级学过的汉字却还是不会写,这与他的智商极不匹配。

校校是 2021 年央视纪录频道播出的纪录片《我不是笨小孩》中的一个孩子，他有读写障碍。读书写字对许多孩子来说都是一件正常且容易的事情，但对校校这样的孩子而言却是极为困难的。他在处理文字的读音及字形结构方面存在问题，往往难以准确地认读及默写文字，在一次次的挫败中产生对学习的焦虑、排斥和逃避。有调查显示，读写障碍在我国学龄孩子中的发生率为 5%~8%，这意味着每 100 个孩子里就有 5~8 个孩子有读写障碍。

读写障碍是儿童发展障碍中较为常见的一种。发展障碍是先天性障碍，由于脑部结构和功能的先天异常，导致个体对信息处理和控制产生偏差，影响了日常生活和学习，只能干预，无法完全治愈。儿童常见的发展障碍还有注意缺陷多动障碍（attention deficit and hyperactive disorder，ADHD），即我们常说的"多动症"。

纪录片中的校校不仅有读写障碍，还伴有 ADHD、上课坐不住、无法很好地遵守课堂纪律、写作业时无法集中注意力等问题。ADHD 的特点是难以专注、过度活跃，在学校常常被认为故意扰乱课堂秩序，让老师头疼不已。ADHD 在我国学龄孩子中的发生率约为 5%~7%，这意味着每个班级里可能会有一两个有 ADHD 的孩子。

在我们看到孩子学习成绩落后、课堂表现不理想时，如果没有意识到孩子可能存在的发展障碍，就很可能会认定孩子笨、懒、不认真、调皮顽劣，不仅可能会错过尽早干预的时机，还可能给孩子造成很多不必要的心理伤害。

若是确诊孩子有发展障碍，那么让父母承认并接纳这一点并不容易。纪录片里的校校妈妈面对孩子的情况经常处于矛盾的状态，一边劝自己要接受现状、要有平常心、要更有耐心，一边在现实面前免不了内心崩溃，之后仍然试图通过更多的努力获得些许的改变。这些父母有真实存在的焦虑，也有让人感动的对孩子的接纳和守护。孩子不容易，父母又何尝不是？

  每一个孩子都是独一无二的存在，都有自己成长的轨迹；每个孩子来到这个世界上，都有他自己的使命。父母轻推孩子必须基于孩子的天性与意愿，否则所谓的"轻推"只会变成父母的执念，变成孩子成长路上的障碍。有一位阿拉伯诗人曾说："不能飞行达之，则应跛行至之。"哪怕走得不是那么快，也愿我们能耐心地陪伴着孩子，朝着他们的未来前进。

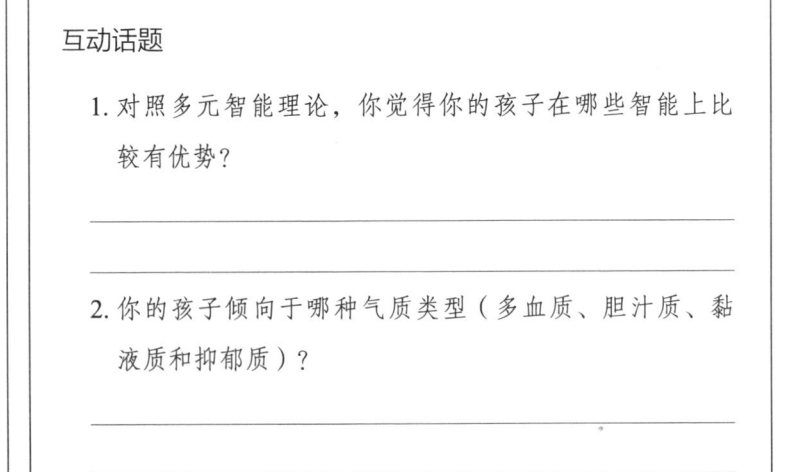

互动话题

1. 对照多元智能理论，你觉得你的孩子在哪些智能上比较有优势？

2. 你的孩子倾向于哪种气质类型（多血质、胆汁质、黏液质和抑郁质）？

轻推，小步子渐进

提起爱因斯坦，我们会想到相对论，想到 $E=mc^2$ 方程式。我上小学时，语文课本有一个关于爱因斯坦的"第三只小板凳"的故事，你听过吗？

这个故事说，在爱因斯坦小时候，老师布置回家的手工作业。第二天，同学们争先恐后地交出自己的作品，爱因斯坦交给老师的是一只制作得很粗糙、一条凳腿还钉偏了的小板凳。老师十分不满，拿着小板凳对同学们说道："你们谁见过这么糟糕的小板凳？"同学们都笑翻了，纷纷摇头。老师看了爱因斯坦一眼说："我想，世界上不会再有比这更糟糕的凳子了。"爱因斯坦站了起来，小声地说："有的。"只见他从课桌里拿出两只更为粗糙的小板凳，说："这两只是我在第一次和第二次做的，刚交上去的是第三次做的，虽然不能让人满意，但是比起这两只要强得多。"

虽然这个故事的真实性无从考证，但这种一次次努力改进、一点点变得更好的精神还是很励志的。

轻推三步走

学习知识和技能是一个从生疏走向熟练、从迟疑走向从容、从量变到质变的过程。我们需要跟孩子传递这样的信念：**尝试学新东西，起初可能不顺利、不完美，但一次会比一次好**。如何在孩子迟疑退缩时轻推协助，让他们克服恐惧，最终收获胜任感呢？在下面这个案例中，两岁多的宝宝第一次下水游泳，有些忐忑害怕，妈妈协助她一点点放开手脚。你在读后或许会有一些启发。

案例

有一次我带女儿去母婴店买东西，她一直盯着店里的游泳池，我问她是不是想游泳。两岁多的她还不太能说句子，只说了"游泳"两个字，我说那我们就试试吧。我把她抱到了泳池旁边，明显感觉到她身体有些僵硬紧张。我说："第一次游泳，有些害怕。"她说："害怕。"我说："是呀，是挺紧张的。"她的脚伸出去一点又缩回来，说："紧张。"（第一步，确认状态，稳定情绪）

我说："水里看起来好好玩，真想下去试试。"她说："试试。"我说："那妈妈慢慢往你身上泼点水试试，你要是不舒服就告诉妈妈。"我往孩子的脚上泼了点水，然后往她的腿上泼一点，再往她的身上泼一点。刚开始女儿的身体缩了一下，之后就慢慢放松了。我说："哇，好棒啊，虽然有点害怕，可是你都没有哭，真厉害！"她慢慢开始用脚踢水。我说："现在，妈妈慢慢把你放进去了，你要是感觉不舒服就告诉妈妈。"我慢慢地把她放进了水里。（第二步，分解任务，轻推前进）

她有点紧张，紧紧地抓牢我的手。我说："有些紧张，这毕竟是你第一次自己游泳啊。"女儿没有作声，慢慢试着抓救生圈，腿也开始活动。我鼓励她："哇，宝贝做得很好，就是这样，小手抓牢，小脚踢。"（第三步，肯定孩子，注入信心）

女儿继续慢慢尝试，整个人的状态明显放松下来。我跟她说："妈妈就在旁边保护宝宝，你可以安心游泳。"渐渐地，她的脸上开始有笑容，享受着第一次游泳的快乐。

● ● ● ● ●

孩子在面临挑战时，内心有时会很纠结，既想尝试新事物、迎接挑战，又因觉得无从下手、困难重重而畏惧不前。案例中的妈妈没有严厉指责、提高声调催促孩子，也没有因为孩子有点害怕而直接让孩子放弃。她通过轻推协助孩子，直到最后孩子的脸上露出笑容，享受游泳的快乐。她的具体做法总结起来分为三步。

第一步：确认状态，稳定情绪。父母观察并体会孩子的处境，对孩子的能力水平、情绪状态有大致的了解，然后协助孩子稳定情绪。正如上面的案例中，两岁多的孩子一开始的状态是既对游泳充满好奇、向往，又有些害怕、紧张。妈妈觉察到孩子的状态，并通过倾听孩子、回应孩子的内心感受，让孩子的情绪稳定下来。

一些在我们成年人看起来很简单的事（比如，写字、算术），对幼小的孩子来说则并不容易。如果孩子在任务前拖拖拉拉面有难色，就可能在传递这样的信息："目前的任务对我来说有一定难度，至少让我觉得难。"此时，不要逼着或催着孩子赶快做，因为这样可能会引发更强烈的情绪抵触，可以先共情孩子当时的难处，比如对孩子说"你觉得有些压力"，向孩子传递父母对他的理解，帮助孩子缓和情绪。

第二步：分解任务，轻推前进。当一个大任务摆在面前时，往往容易让人望而却步。俗话说"饭要一口一口吃"，如果我们将一个大任务分解成若干个小步骤，逐步完成，就会发现这个任务并没那么难，还可以从中获得信心。案例中的妈妈没有急于求成地直接把孩子扔进水里，而是对游泳进行了任务分解：先往孩子脚上泼水，再往她的腿上泼水，接着往她的身上泼水，让孩子适应水的感觉；之后让孩子在水里踢水；然后才把孩子整个人放进水里。一步步进行，每次进展一点，直到最终孩子放开手脚游泳。

再举个例子：小强是小学二年级的小学生，周末要完成一篇300字的记叙文，这对于刚接触写作的他来说，属于有一定难度的任务，免不了会坐在书桌前发呆。如何对这个任务进行分解呢？可以考虑先和小强讨论选择什么素材，口述或拟定一个提纲，开头打算写什么，中间打算写什么，结尾打算写什么，再根据提纲完成每个部分。

第三步：肯定孩子，注入信心。每完成一个小步骤，孩子都能从中体验到"我能做到"的胜任感，胜任感本身能给孩子带来信心和力量，激励孩子继续迎接剩下的挑战。同时，父母给孩子积极正向的反馈也能帮助孩子确认和加强胜任感。案例中的妈妈不断地给予孩子肯定，比如"虽然有点害怕，可是你都没有哭，真厉害""这毕竟是你第一次游泳啊""哇，宝贝做得很好，就是这样"。尤其是对婴幼儿来说，这样的肯定能给他们很大的安定感，也让他们更有信心。

以上三步是循环进行的。父母首先需要清楚孩子目前的能力水平和情绪状态，并协助孩子稳定情绪；在孩子情绪平稳后，协助孩子把大任务分解成其能力范围内可以达成的若干个小步骤，分步骤前进。**孩子每完成一个步骤，父母都要及时肯定孩子，并与孩子再次确认状态，从而在此基础上开始新的循环。**

苏联教育家维果斯基（Vygotsky）认为，孩子当前水平和可能发展水平之间存在一个最近发展区，教学应着眼于孩子的最近发展区，设置有一定难度的内容，调动孩子的积极性，发挥其潜能，超越其最近发展区，在此基础上进行下一个发展区的发展。

轻推三步走是一种小步子渐进法，相当于在孩子当前水平和可能发展水平之间铺设了一级级台阶，让孩子在够得着的地方逐步发生改变。这个过程可以想象成陪伴孩子走台阶，接纳孩子目前的能力水平，关注孩子的情绪状态，鼓励孩子一步步往上走，并时不时地停下来确认孩子的状况，肯定孩子的努力和成就。

轻推三步走，向孩子传递了一种看待问题和解决问题的思维模式：**在成长的路上，每个人都会遇到一些挑战，不要回避、不要退缩，把挑战分解成可以完成的步骤，通过一步步的行动就能缩短与最终目标的距离。**千里之行，始于足下，所有的一切不都是从第一步开始的吗？

适得其反的猛推

有的父母发现孩子在学习新知识和新技能时并不如自己所愿

时，有时会被触发强烈的情绪，用猛推来促进孩子改变，容易踏入以下误区。

误区1：使用"这么笨"等暴力语言

父母在辅导孩子学习时，看到孩子没学会，可能会忍不住冲着孩子喊"哎呀，你怎么这么笨呢""都教了几遍了还不会，真是榆木脑袋不开窍"之类的话。不排除有些父母说的是气话，但这种贬损、指责的暴力语言很可能会给孩子带来消极影响。

贬损、指责会让孩子觉得自己很糟糕、很差劲，变得不喜欢自己，缺乏自信。此外，"你怎么这么笨"这样的话将孩子没学会的原因直接归因于孩子的能力（孩子没学会的原因也可能是父母自己没讲解清楚），从而给孩子带来消极的心理暗示。一旦孩子认同这种归因方式，认为"既然我笨、不开窍，那么再努力也没有用了"，孩子在学习上就会放弃努力。

有些父母说这些话是有意为之，想通过刺激孩子让孩子增加紧张感、提升上进心。学习的确需要一定的紧张感才能提高效率，但用贬损、指责甚至是打骂的方式很可能会让孩子陷入恐惧、焦虑、自责的内耗中，不但影响学习效率，还可能会伤害孩子的自尊和自信，因此这种方法不科学且得不偿失。

误区2：用打击式比较去激发斗志

孩子最不愿意听到的话很可能是以下这些：

- 隔壁妞妞都会背二十几首唐诗了，你能背几首啊？

- 你看咱们小区里的小明，学习多自觉！
- 我同事的儿子今年考上重点中学了，你怎么就没人家这么争气呢！

许多父母口中永远都有一个"别人家的孩子"，而且父母往往还会拿别人家孩子的长处和自家孩子的短处做比较。为什么会这样呢？可能是因为父母担心孩子落伍，还可能是想激发孩子的斗志。

案例

> 湖南卫视《少年说》有一期节目中，一个上中学的女孩吐槽妈妈总是把她和学霸闺密放在一起比，甚至打击她："你看你学习那么差，为什么她会和你做朋友！"这个女孩质问妈妈："孩子不是只有别人家的才好，你的孩子也很努力，你为什么不看一看？"妈妈回应道："我觉得你的性格需要打击，否则你会飘。"

妈妈的回应颇能代表一部分父母的心态，可是，用打击式的比较真的能激发孩子的斗志吗？这个女孩一边倾诉一边委屈得快哭了："你总打击我，这让我觉得自己很差。"可见，打击式比较会让孩子产生强烈的自卑感，认为自己是一个毫无价值的人，失去自信。此外，父母总是夸奖别人家孩子好，说自己的孩子不行，还会让孩子产生失落感，觉得父母不喜欢自己，从而影响亲子间的亲密感。

误区 3：带着操控目的地夸赞

既然不提倡贬损、指责，也不提倡打击式比较，那么拼命夸赞孩子"你真棒"总归不会有问题吧？这得看夸赞孩子的目的是什么——是发自内心的欣赏，还是以操控为目的。如果是后者，那么会给孩子的人格带来怎样的影响呢？以下是一位有多年教学经验的幼儿园老师和我分享她的观察和思考。

案例

我们幼儿园的老师比较习惯用"你真棒""表扬某某""你真是个乖孩子"来夸赞孩子。比如在户外活动排队时，老师会这样夸赞听指令排好队的小朋友："表扬某某。"针对托班和小班的小朋友挺有效的，其他小朋友听到老师这么一说，也会赶紧排好队，然后仰着头看着老师，等待老师夸赞。可是对于中班和大班的小朋友，这样的夸赞对他们的影响力就减弱了。班级内会出现两种类型的小朋友：第一种是老师你夸我，我都无所谓的，该干什么还干什么；第二种是做任何事都要寻求老师的夸赞和认可。

对于第二种类型的小朋友，我的印象很深刻。有个孩子签到后就跑到我身边说"老师，我签到了"，上完厕所就跑过来说"老师，我自己上厕所了"，搭好积木也会跑过来说"老师，我搭好了"，说完他还会仰着小脸期待地看着我，好像在说"快夸赞我"。看着孩子期待中带着一点讨好的眼神，我开始反思：我们是否在滥用夸赞？我们的夸赞是发自内心的欣赏，还是带着操控的味道呢？

我们有必要去反思，对孩子的夸赞是发自内心的欣赏，还是为了去操控孩子？如果是后者，那么夸赞无非是包装得更美的操控工具。

综上可见，猛推是通过贬损、打压和操控，利用恐惧和自责来推动孩子，当下可能有点刺激效果，但长此以往会给孩子的人格塑造带来消极影响。**轻推以尊重、理解和支持作为基本态度，考虑孩子的感受，不苛责催促也不娇惯放纵，鼓励孩子勇敢面对挑战。轻推的意义在于，陪伴孩子穿越对挑战的畏惧，收获对自己能力的信心（即胜任感），更有利于唤醒孩子的内驱力，使其人格朝着健康的方向发展。**

互动话题

1. 围绕你近期想达成的一个任务，试着分解成若干个可以完成的小步骤。

2. 在你看来，猛推和轻推的根本区别是什么？

成长需要更多看见

绘本《点》描绘了一个温馨美好又充满力量的故事：

美术课下课了，小女孩仍然坐在座位上，画纸上一片空白。老师耐心、平静地对小女孩说："随便画个线或点，看它能指引你去哪儿。"小女孩抓起笔，在纸上用力戳了个点。老师拿起小女孩的这张纸，仔细研究了半天："嗯……"然后把这张纸还给小女孩，说："好的，现在可以在上面写上你的名字。"小女孩想，也许我不会画画，但我会签名，她便在这张纸上签了自己的名字。

过了一个星期，小女孩来到美术教室，惊奇地发现墙上挂着自己画的那个点，还被镶嵌在金色的画框里。她看着这幅画，心想我可以画得比这个更好些。她拿出以前从来没有用过的水彩开始画画，画了又画，一个黄点，一个绿点，一个红点，一个蓝点，通过红色和蓝色的点创造出一个紫色的点，接着是各种颜色的点。她想：我既然能画小的点，那么也能画大的点。她挥舞着大画笔在一张大纸上画画，画更大的点，画抽象的点……

谁能想到，从一个点开始，竟然可以带来意想不到的奇迹！

老师的轻推几乎是四两拨千斤，用力很轻却充满高超的艺术：有着对孩子情绪的觉察和涵容，面对纸上一片空白能耐心、平静地引导；郑重其事地表达对孩子的欣赏和肯定，把只画一个点的作品镶嵌在金色画框里，并挂在美术教室的墙上。孩子的沮丧、挫败被接住了，并从老师的欣赏、肯定中获得信心，开始画第二个点、第三个点,之后就像滚雪球般,创作灵感喷薄而出。

涵容孩子的挫败感

假如我们看到孩子作业本上一片空白,能否做到和绘本《点》中的那位老师一样耐心、平静地引导呢?坦白讲,这并不容易,尤其是在面对自己的孩子时,我们很难做到淡定,因为我们对自己的孩子的期待往往更高。轻推三步走中最难的一步,恐怕就是稳定孩子的情绪。**当看到孩子有强烈的情绪流露出来时,父母需要先稳住自己的内心,涵容孩子的情绪**。涵容孩子的情绪,包括觉察、理解和接住孩子的情绪这几个步骤。

觉察孩子的情绪,是指从孩子表情、动作和言语中能敏锐地觉察孩子情绪状态有变化。比如,小女孩在美术课结束后仍然坐在座位上,画纸上一片空白,我们可以从小女孩的动作和行为中觉察到她此刻可能陷入了不知道怎么办才好的沮丧中。

如何**理解孩子的情绪**?孩子在学习新知识和技能时,挫败感和胜任感是两种常见的情绪体验,往往会交替出现。刚开始学写字、学骑车、学游泳、学做饭,都是磕磕碰碰,经受各种挫败。如果没有被挫败感打倒,就能持续前行,终将收获胜任感。之前的挑战越大,挫败感越强烈,一旦攻克挑战,就能体会到更强烈的胜任感。孩子在遭受挫败时,有时无法消化挫败感,就会哭闹、摔东西发泄、关起门来等。

理解了孩子的情绪,就比较能**接住孩子的情绪**,不会轻易对孩子妄加指责、评判。孩子看似激烈甚至是带着攻击性的情绪表达的背后，往往有深深的挫败感。如果父母和周围环境能涵容孩子的情绪，孩子就会逐渐消化挫败感，提高对挫败感的耐受度。

来做个情景练习吧！

有个上幼儿园的孩子，搭乐高积木时有个零件组装不好，便狠狠地把零件扔到地上，他的爸爸循声而来。以下是三种不同的反应方式，你会选择哪种？

- 爸爸也变得烦躁，批评孩子："你又乱发脾气了！"
- 爸爸把零件捡回来，麻利地直接组装好，得意地说："看，我厉害吧？"
- 爸爸抱抱孩子，把零件捡回来和孩子一起试："看来是有点难啊，让我们慢慢来……"

如果爸爸做出第一种反应，那么孩子会在经受了挫败感的基础上，还会感到难受、委屈，变得更烦躁，更无法冷静下来去完成组装。这种批评孩子的反应方式源于爸爸在当下无法做到换位思考去理解孩子的感受，以及根深蒂固地认为孩子的情绪表达是在"乱发脾气"。可能在爸爸自己的成长经历中，类似激烈的情绪表达是不被允许的，目睹孩子如此他也会感到恐慌不安。

如果爸爸做出第二种反应，那么孩子可能会生气，因为孩子想自己组装，却被爸爸抢走了；孩子还可能会觉得自己很笨，远远不如爸爸，并因此闷闷不乐。习惯于这种反应方式的爸爸也没有真正理解孩子当下的感受,急于用行动替孩子解决问题,并带有一点自恋,洋洋得意于自己的"厉害"。

如果爸爸做出第三种反应,那么孩子能体会到被爸爸理解了,情绪便能慢慢缓和下来,在爸爸的协助下完成组装,体会到自己是有能力完成乐高积木的拼搭的。如果爸爸能做出这种反应方式,就说明他比较成熟,可以换位思考,也愿意去体会孩子的感受,引导孩子发展。

毫无疑问,第三种反应是比较好的选择。因为第三种反应涵容了孩子的挫败感,并能轻推孩子继续去完成任务,更有利于帮助孩子树立自信。可见,当孩子在学习、社交、运动中遭遇挫败时,父母的态度尤为重要。**孩子只有感觉到自己被父母理解和支持,才能从挫败感中恢复过来,把心力放在下一次如何做得更好上。**

真诚地肯定孩子

在轻推三步走中,第三步是"肯定孩子,注入信心",意味着父母要善于发现孩子身上可圈可点之处,不吝啬向孩子表达欣赏和肯定。哪怕结果差强人意,也要看见孩子在做这件事情的过程中所付出的努力和坚持。

提到肯定孩子,父母的第一反应往往是夸孩子"你很棒""你很优秀""你是我们的好孩子"之类的话。如果在说这些话时没有真诚的眼神和语气的加持,就很容易因缺乏具体实质的内容而流于形式,显得空洞、肤浅。尤其是对于不少青春期的孩子来说,这样的表达方式可能会让孩子认为"太幼稚，怎么还把我当三岁小孩哄"。

真诚是肯定孩子的第一要义。只有怀着一颗真诚而非操控对方的心，以及一双善于发现孩子优点的眼睛去肯定、欣赏孩子，孩子才能真正接收到这份看见。如果想让肯定变得更加具体走心，并更好地把你的真诚传递给孩子，可以参考以下要点。

重视用非语言的方式表达对孩子的欣赏和肯定

非语言的方式包括表情、语气、姿势、动作等。有时不一定非得用语言说出来，无声的行动也能传递对孩子的欣赏和肯定，比如绘本《点》中的老师，默默地把小女孩只有一个点的作品用金色的画框镶起来，挂在美术教室里。同理，当孩子放学回家得意地展示他的手工作品时，父母一个欣赏的微笑、一个热情的拥抱、一根竖起的大拇指也能传递对孩子的赞许。此时无声胜有声，不要吝啬类似的表达哦！

说出孩子的积极感受

孩子在努力完成挑战后，往往会感到激动自豪、充满力量感和成就感。父母可以说出孩子的积极感受，帮助孩子去回味、沉淀这些感受。简单地说，就是**和孩子一同快乐着他的快乐**。

我的女儿上初中时参加了学校运动会的"小铁三"项目，需要连续完成200米游泳、2000米骑车、1600米跑步的挑战。对于运动天赋平平的她来说，实属不易。比赛结束后，我和她一起回味了她体验到的成就感。

📝 案例

四月初的上海，天气仍有些阴冷。放学时我特地到校门口等女儿，不一会儿就看到她穿着短袖短裤，一脸轻松地和同学边说边笑走出来，看来"小铁三"比赛应该很顺利。在回家的路上，她打开了话匣子，描述比赛过程：起初，因不熟悉泳池方位差点走到男更衣室，在没有做好心理准备的状态下开始游泳比赛……游泳后不能换衣服，直接披上外套骑自行车……本来可以骑自己的自行车，后来发现她的自行车因被临时挪走而怎么都找不到，只能骑学校提供的比赛专用自行车，在不太习惯的情况下顺利完成……跑步到最后觉得五脏六腑都要裂开……

我边听边体会她的感受说：<u>"太不容易了，经历了各种不确定性和挑战，你竟然坚持下来了！现在回过头去看，估计你会感慨万千，也很有成就感吧！"</u>（**说出孩子的积极感受**）女儿有些许自豪："那是肯定的，我做到了！"

● ● ● ●

描述孩子的正向行为

用"你真棒"来赞扬孩子，哪怕是出于真诚，有时也可能会让孩子觉得敷衍、笼统。如果能描述出孩子做了什么具体行为，孩子就更能体会到父母用心地关注着自己。

如何描述行为？其实很简单，**只需用白描的方式描述你看到了**

什么、听到了什么就足够客观详细了。比如："你第一次做西红柿炒蛋，味道咸淡适中，还撒了葱花让色泽搭配更赏心悦目，最后还收拾了灶台。""你能想出这么多答题方法，一定是经过了认真思考。"

在描述孩子的行为时，尽量描述孩子做了什么，而不是孩子没做什么。

案例

一个八岁的男孩，在与同学发生冲突时习惯于推搡他人，导致同学们都不太愿意和他玩。在父母的耐心引导下，孩子意识到了行为后果，并努力改进冲突处理方式。当爸爸看到孩子最近一次和同学发生冲突时采用了与以往不同的反应方式时很惊喜，就对孩子说："我看到你今天没有推人啊！"

• • • • •

这位爸爸确实是发自内心地欣赏孩子的进步，但在表达上不如改成"我看到你今天尝试对同学说出自己的看法"，这样更有正面引导的作用，更能让孩子清楚自己哪些方面做得好。

除了父母描述孩子的正向行为外，还可以**鼓励孩子看见自己**。一位从事多年一线教学工作的小学老师，鼓励班里的孩子们写"优点日记"，记录自己做的正向行为和积极感受。孩子们刚开始小心翼翼地写"我没打架""我没骂人"，后来越写越具体细致，比如

"我会及时清理水杯""我跟妈妈商量把周末补习班改成踏青,成功了""我制作了单词卡,记单词更方便了"……孩子们的这些记录体现了他们开始从内心真正地认可自己了。这位老师与我分享了让学生写"优点日记"的初衷。

案例

写"优点日记"的灵感最初来源于我曾经参加的一个体验活动,其中有一个环节是说出自己的两个优点,小组伙伴再每人说一个。当我听到自己有那么多优点时泪流满面,很受触动。我们这一代人在成长过程中常常经历被批评、被打压,总是要反思自己哪里做得不好、哪里需要改进,但这样真的好吗?

我希望让孩子们借助写"优点日记",使他们保持与内在自我的联结,建立对自我的认知,提升自我价值感和爱自己的能力。让孩子们学会认识自己,清楚地知道我是谁、我从哪里来、我要什么,远比成为别人眼中的某类人更重要。一旦他们学会了爱自己、相信自己,在遇到困难和挫折时就会有力量,也更容易从逆境中爬起来。我们都希望,每个孩子都能自信、阳光、乐观、自强。

● ● ● ● ●

让孩子们借助写"优点日记",有助于他们在成长过程中积累点点滴滴的胜任感,从而获得自我价值感和爱自己的能力。父母在家里也可以借鉴写"优点日记"的方式,比如在睡前鼓励孩子口头讲述自己当天做了哪些正向行为。性格偏害羞、内向的孩子可能不太好意思赞美自己,父母可以在平时见缝插针地多描述他做了哪些事,带动他敢于认可自己。

分享父母的积极感受

当父母看到孩子帮忙做家务、关心照顾他人时,往往会产生感动、欣慰等积极感受。东方文化背景下的父母比较含蓄内敛,往往不太习惯于公开表达自己的感受。实际上,跟孩子说父母的积极感受好处多多:能让孩子感受到自己给身边人带来了积极影响,从而体会到自我价值感。以下是一位妈妈和上小学的女儿讨论周末安排,妈妈表达了自己的感受。

案例

女儿说:"我现在作业都已经做完了,就剩每天的半小时读书打卡了,我想安排在中午你睡觉的时候,你看可以吗?"我说:"没问题,你可以根据自己的想法来安排。周末你有什么特别想做的事情?"女儿说:"周末我想约同学一起出去玩,还有和爸爸一起玩游戏或是打一会儿牌,还可以一起打羽毛球。"我说:"嗯,听起来你安排得很丰富多彩,有学习,有运动,还有娱乐,妈妈听到后都特别期待这样的假期呢!<u>看到你能自己安排好,我觉得特别开心和欣慰。</u>"(**分享父母的积极感受**)

每当女儿能合理安排和计划,并能遵守自己的计划时,我都会给予欣赏的目光和赞叹。如今,她有很强的时间观念,常常会自己定时,并按照约定的时间完成任务。

● ● ● ● ● ●

这位妈妈给予孩子的反馈,既描述了孩子的正向行为(提到在孩子自己设想的周末计划里"有学习,有运动,还有娱乐"),又表达了妈妈的真实感受("特别开心和欣慰")。通过这样的反馈,肯定孩子的行为,真切地传递了妈妈对孩子的看见。

肯定孩子的努力

影响一个人在某件事情上成败的因素有很多,内部因素包括能力、努力、身心状态等,外部因素包括任务难度、运气等。在这些因素中,只有努力是当事人可以控制的。也就是说,**如果我们把自己的成功归因于努力,就会对自己更有信心,之后也更愿意付出努力。**

假设有个孩子的数学成绩一直不太好,这个学期开学后,他对错题进行归纳总结、提炼思路,终于在最近一次数学考试中取得了不错的成绩。如果父母把他这次数学考试的进步解释为运气好,硬说是"瞎猫碰到死老鼠",孩子受父母的影响并认同父母的说法,就体会不到对自己的信心,因为运气是不可控因素。如果父母把这次数学考试的进步归因于孩子近期的努力,孩子就会认同并体会到自己通过努力可以实现突破,从而对自己更有信心,体验到更多的胜任感。

只要孩子做出尝试，哪怕结果不尽如人意，也要去肯定孩子敢于尝试的勇气和付出的努力。尽管爱因斯坦做的第三只小板凳很糟糕，但是比起第一只和第二只小板凳已经好了很多，而且他愿意一次又一次毫不气馁地改进，这样的努力本身就值得被嘉许。

父母需注意，不要把自家孩子与别人家孩子进行打击式比较，要比较就让孩子自己和自己比，关注孩子的进步。如果孩子有进步，那么可以问问孩子他是怎么做到的。在复盘总结中，让孩子看见自己可以通过努力取得进步，他是有潜力的、有闪光点的，以此增强孩子的胜任感。总之，**只有父母先看见孩子，孩子才能更多地看见自己。**

互动话题

1. 你有过被周围人真诚欣赏的经历吗？当时你的感受如何？

   _____

   _____

2. 最近孩子做了哪件事让你感动或欣赏？请反馈给孩子。

   _____

   _____

第 4 章

放手,让孩子迈向自主

第4章 放手，让孩子迈向自主

<u>自由的核心是选择的体验。</u>

——爱德华·德西，美国心理学家

当你感到自己的行为是自己选择的，而不是由外部操控，这种"我能做主"的感觉就是自主感。自我决定论认为，当人的自主感在一定程度上得到满足时，能激发做事情的内在动机。一旦孩子感到对自己的生活有一定的决定权，有自主选择的空间，他就有更多投入生活的热情。在本章中，我们呼吁父母信任孩子，放下对孩子的过度控制，允许孩子去体验自主感，成为一个自主的人。

在日常生活中，父母应如何放手，让孩子享受自己做主的感觉，更好地掌控自己的人生呢？父母要给孩子探索的空间，允许孩子试错，让孩子的能力得到锻炼，也让孩子享受掌控生活的自由和快乐。父母还要侧重于通过与孩子合作探讨的方式，尊重并调动孩子的自主性，并在放手时遵循循序渐进的法则。

让孩子活出自主人生

我的一位朋友曾三次报名参加为期 12 周的线上减肥营,前两次跟到第四周就戛然而止,而第三次顺利完成 12 周实践,成功瘦了 10 斤。更难得的是,她对减肥有信心,觉得能自主掌控,什么时候想再减都可以随时开始。回顾第三次减肥为何能成功,她特别提到两点。

第一,需求明确。前两次减肥有些跟风,只是觉得自己胖,大家都说该减肥就跟着减了。第三次减肥是被自己的一次体验触动到——有一天走在路上,发觉自己走起路来像头大象一样脚步沉重,走几步就气喘吁吁,那一刻她发自内心地觉得,不能再这样下去了,应该改变自己。

第二,灵活变通。前两次减肥到第四周时停下来,是因为第四周的内容是关于如何在家做健康的食物的。可是,她平时经常点外卖,对烧菜提不起兴趣。第三次减肥到了第四周时,她没有勉强自己在家备餐,而是选择点清淡的外卖,同样达到了控油、控糖的效果。

一旦她明确了自己的需求是让身体更加轻盈,减肥就顺理成章地成了实现需求的一种**自我主动发起的行为**。在减肥过程中,她打破常规,没有刻板地跟着教练学习如何在家备餐,教练也没有强迫她一定要在家备餐,这样她就有机会选择更适合自己的减肥方式,实现了**自我调控**。她主动发起了减肥这一行为,并能够自我调控,就能享受这种掌控自己身体、掌控自己生活的自主感，因此减肥动力十足，最终取得成功。

倘若减肥是被外界威胁、逼迫、控制的呢？她也许也能减去重量，但未必能获得心理上的轻盈和自主。生活中有许多事情都和减肥很像。当孩子在父母的威逼利诱下学习，心不甘情不愿地坐在书桌前时，没有自我调控的机会，还能动力十足地学习吗？还能成为一个自主学习的人吗？

越想控制，越失控

如果我们有一定的自由度，可以选择是否做某件事、选择如何做这件事，就能够获得"我能做主"的感受，即自主感。如果我们的自主感没有获得一定的满足，内驱力就会被削弱，缺乏做事情的主动性和积极性，影响效率；相反，如果自主感得到了尊重和一定的满足，我们做事情时就会更加有劲头，做事的效率提升，也会对生活更加满意。

孩子获得自主感，需要周围环境的支持，父母需要为孩子提供相对宽松、有弹性的选择机会。举个例子，父母希望孩子阅读，可以给孩子推荐几本课外书，允许孩子挑选自己感兴趣的读，这样孩子就能获得自主感。如果强硬地要求孩子必须全盘接受父母选定的书单，没有选择余地，孩子就体会不到自主感。

不少父母都很疼爱孩子，急着想让孩子接受父母觉得正确的、好的做法，并打心底里觉得这么做是为了孩子好。父母之所以有这种"为你好"的想法，往往是因为他们没有真正看到孩子的需求和感受，而是直接把自己的想法加到孩子身上，典型的例子是"有一种冷叫你妈觉得你冷"。**父母对孩子的爱一旦变成了过度控制，就会挤压孩子自主发挥的空间。**

父母对孩子的过度控制，好比在孩子练习掌舵时，父母抢夺了孩子手中的舵。父母之所以会这么做，可能是因其自身有很多恐惧和担心，认为孩子要是不按父母设想的航向前进，就会陷入万劫不复之地。请试想：你正在掌舵航行，旁边有人一直和你唠叨着该怎么操控，并和你争夺舵，你会有什么感受？多半是不舒服的、抵触的，甚至想推开他，让他离你远点。因为**人总是希望能掌控自己的人生，而不是成为他人的傀儡。**

孩子也是如此，他的自主意识会伴随着成长而不断增强，希望可以自己做决定，展现自己的能力。如果父母处处控制，不让孩子探索如何自己做选择、做决定，孩子就可能会为了维护自主性而故意和父母对着干，还可能会变得退缩依赖，成为"啃老一族"。这种状况对父母而言，就是**越想控制孩子，就越容易失控。**

加拿大华裔导演石之予拍了一部动画片《包宝宝》，从中能隐约看到不少父母的影子，很值得深思。动画片刻画了一位很会做包子的妈妈，故事从她包的一个包子活了过来开始：

这位妈妈把包子当成自己的儿子，对这个包宝宝细心呵护、极尽疼爱，捧在手里怕摔了，含在嘴里怕化了，母子俩度过了许多欢乐的时光。包宝宝一天天长大，也日益变得独立。妈妈不肯放手，终于有一天在失望气愤之余，一口吞下了她的包宝宝……

父母用爱养育子女，但不愿意放手的爱，可能会将子女吞噬。 从根本上来说，父母对子女过度控制，可能是因为父母和孩子之间没有分清你我，潜意识中希望孩子不要长大，永远和自己处于共生状态。在孩子出生后一段时间，父母和孩子处于共生状态有利于孩子存活下来，但是随着孩子长大，孩子要和父母分离，父母要舍得放手。

孩子有属于自己成长的潜能，不会说话的婴儿会用哭拒绝、用动作反抗，幼儿会说"不要"，会自己选择穿什么衣服或什么鞋子，青春期的孩子会关上门和同学、朋友打电话……父母需要对孩子追求自主感的这些信号保持敏感，逐渐从与孩子共生的状态中撤退。如果父母过度控制孩子，孩子就很难活出自己的生命力，也无法变成自我持续生长的有机体。**孩子在成长过程中无须完全听从父母的安排，而需要在互动中有主动的发展和创造，孩子的心灵才会完整，才会为自己的存在感到欣喜。**

孩子只有享受到自主感，才会更自主

许多父母在谈到对孩子的期待时，经常会提及一点——希望孩子成为独立自主的人。谈到孩子的学习，父母的期待更加具体，比如希望孩子做作业不需要外界催促监督，能自己主动学习。那么，父母的美好期待如何才能变为现实呢？

许多分别针对学校、家庭和企业组织的研究发现，如果老师跟学生、父母跟孩子、管理者跟员工解释当前的任务为什么很重要，并尽可能多地为学生、孩子、员工提供选择的自由，让他们拥有自主感，就会比采用奖励或惩罚措施更能激发他们的动力。也就是说，当人感觉到自己在学习或工作中拥有掌控感和自主权，而不是被动机械地执行外界要求时，他更能调动自己身上的资源和能量，并有创造性地去学习和工作。

我国传统的家庭观念比较期待孩子从小要听父母的话，顺从长辈意志，认为这样的孩子才是好孩子。等孩子长到一定年龄，父母又期待孩子能独自面对外界挑战。问题是，如果孩子之前没有练习如何做决定，没有机会学习如何安排自己的生活，他们的独立思考和解决问题的能力就不容易获得充分发展。此外，如果孩子习惯于迎合父母长辈和社会期待，忽视和压抑自己的内在感受和需求，那当他面临人生抉择时就很容易迷茫、失去自我。

如果我们希望孩子将来成为独立自主的人，就要在养育中给予孩子空间，允许他去探索试错，让他拥有自主感，并陪伴着他在跌跌撞撞中学会掌控自己的生活。一方面，孩子能在一次次锻炼中积累自己解决问题的经验和能力；另一方面，孩子能在心理层面实现与父母的分离，有力量去成为自己。**孩子只有拥有应对现实的能力，并做好心理准备，才能真正走向独立自主。**

父母要想支持孩子享受自主感，关键是要**在心态上信任孩子**。

信任孩子，从不苛责控制、不大包大揽开始。在以下案例中，一位妈妈回溯了在儿子成长过程中，由于自己心态的转变，儿子的状态随之发生的变化。

案例

儿子在小学一二年级时，我正忙着创业，没有时间管他，甚至连学校的家长会都顾不上参加。儿子三年级时，我回归家庭，不小心又管得太多，陪孩子写作业时看到他字丑就撕掉了让他重写，还打他手心、摁他脑门。我当时的执念是"你得按我规定的做"，比如每天中午必须背10个单词、读一篇语文课文、做五道数学题。儿子因此产生了强烈的抵触情绪，不写作业，成绩在班里倒数，考试成绩只有五六十分。那时我太自大了，只会唠叨不停，但这些唠叨并不起作用，反而让孩子变得很"叛逆"，经常用言语顶撞我。

我很痛苦，从那时开始外出学习调整自己，把唠叨、讲道理统统放下，更多的是去信任孩子。孩子在初中三年一点点进步，上了高中后好几门功课名列班级甚至是年级前茅。暑假里他给自己制订了计划，每天过得很充实，有学习也有运动。他对人生意义也有自己的思考，看了电影《我和我的父辈》后，他跟我说："你活得太俗，我们还得想想怎么为国家做贡献。"我现在完全放手了，一点都不焦虑。我的体会是，如果不知道怎么养育孩子，就少唠叨、少说教，不给孩子当绊脚石。

从这个例子中可以看到，一旦父母放下控制，信任孩子，孩子就有机会获得进步和成长，发挥自己的潜能。天高任鸟飞，海阔凭鱼跃。**父母是孩子的天空和海洋，父母对孩子的信任度决定了孩子进行自主探索的高度和宽度。**

无独有偶，以下案例中的父母也经历了养育挑战的洗礼，他们的儿子目前已经在美国上大学。以下是孩子分享如何学会自我负责的心路历程，从孩子的角度去看父母的放手和信任。[1]

📝 案例

读初中时，我的成绩不好，不知道自己为什么读书，对未来也没有太多抱负。那时我和父母的冲突也很多，初一、初二时几乎每周都会因为生活琐事和他们吵架。后来我的父母参加了一些关于亲子关系的课程，变得有耐心了，对我的信任度提高了，不再执着于一些小事。他们问我想不想出国读书——就算是在出国这样的大事上，他们也让我自己选择。这是我在小时候很少能体验到的，因为我以前没有太多自己选择的机会。

我决定出国读高中。为了更好地学英语，我在初三下学期前往上海，住在奶奶家里。那可能是我第一次意识到要对自己的决定负责。我到了上海后很自律，每周五天，天天一个人坐

---

[1] 案例转载自微信公众号"心宁教育服务号"原标题为《呈现｜P二代与妈妈的心声：翱翔的翅膀和温暖的鸟窝，全都给你》，有删改。原案例中有更详细的母子对话，一来一往，感人至深，感兴趣的话可以去看看。所谓"P二代"，是指 P.E.T. 父母效能训练受益者的孩子。

地铁去上英语课，一学就是一天。从那之后，父母就基本上没有替我做过任何决定了。他们对我放开了手，我得到了自由，同时也学会了自我负责。今后的人生轨迹几乎都由我自己决定，这也令我开始清楚自己的人生方向，渐渐地从浑浑噩噩的状态中走了出来。

● ● ● ● ●

孩子对自主感的追求可能会在青春期达到顶峰，此时父母应得体地后退一步，把更多的选择权交给孩子，在背后默默支持孩子。孩子将体验到一种被信任的、自由的感觉，去做自己感兴趣的、有活力的、重要的事情。**孩子只有拥有了"我能做主"的自主感，他才更有可能成为为自己负责的人。**

互动话题

1. 在你过往的经历中，有哪个重要事件是你自己做出的选择？你的感受如何？

2. 观看动画片《包宝宝》，分享你的体会。

给孩子探索的空间

我读小学时，周末和寒暑假常常会去爷爷奶奶家。与爷爷奶奶家一墙之隔的是一家规模很大的粮站，前面是卖米面油的门市，穿过走廊到后面是晒谷场，再往里走是仓库区。仓库区有个不起眼的十来平方米的独立小院，阳光静静地洒在干净的水门汀地面上，除了墙角有几株野花，别无他物。我和小伙伴们喜欢到这里玩，把这里当成独属于我们的小天地并给这里取名为"密室"。

许多年后，我在上海参观一位学姐倾注心血创办的幼儿园。当她特地介绍到教室一角有一个由木头搭建的"独处角落"时，童年记忆中"密室"带来的宁静、自由涌上心头。**孩子需要有这样一个能安放自己的角落，无论是外在的物理空间，还是内在的心灵结构。**

为生活松土，留给孩子自由空间

许多时候，孩子喜欢和同伴一起玩，满足与人联结和群体归属的需求。同时，每个孩子也都有掌控自己小小世界的欲望，有独处的需求。**独处时，孩子有机会与自己对话，恢复对自身的掌控感。**

一个上幼儿园的男孩回家后和妈妈说，他在学校感到很烦，因为同学太吵了。老师也跟妈妈反馈，孩子在学校显得闷闷不乐，对参加团体游戏不太积极，老师担心孩子是不是社交方面有问题。妈妈有些焦虑，但又觉得孩子平时在家和几个熟悉的小伙伴玩得挺好，不像有社交困难。

我和妈妈探讨，有没有可能孩子对环境噪声比较敏感，和幼儿园同学相处一段时间后，接收到的声音刺激已经超过负荷，因此他需要安静和独处。如果幼儿园里能有个角落让他自己待一会儿，恢复对自己的掌控感，等状态好了自然会愿意参加团体活动。妈妈点头称是，表示难怪孩子经常一个人坐在角落里或楼梯上，可能他是以这样的方式独处，让自己安静一会儿。半个月后，妈妈给了我以下反馈。

案例

我和老师沟通了，老师很愿意配合尝试，不再要求孩子一定要加入班级集体活动，一有空就陪孩子聊聊天。我原先想鼓励孩子多社交，还特地给他报了一个户外集体活动课，他本就不太喜欢这个课，最近干脆不让他上了。这段时间孩子在幼儿园放松了很多，可能找到了自己舒服的状态，和小朋友互动也比以前更自信了。经常带娃一起玩的朋友最近和我说了好几次，感觉孩子完全不一样了。我真是太惊喜了！我也不着急、不焦虑了，我告诉孩子，他喜欢安静、喜欢独处没有任何问题，不需要强迫自己加入集体活动。

● ● ● ● ●

在这个男孩不再被妈妈和老师推着去参加集体活动，而是被允许顺从天性、有更多独处的机会后，他对社交活动反而不那么排斥了，对生活有了更多的自信和自主性。

孩子上了小学后，父母的关注重点很容易转移到学习上，都希望孩子能多掌握一些知识和技能，变得多才多艺。我曾和一个上小学二年级的小女孩闲聊，她吐槽妈妈给她报了五六个兴趣班，有钢琴、画画、演讲、英语等，有些兴趣班她其实并不感兴趣，可妈妈还是让她参加。这些兴趣班中，有好几个都放在了周末，她想和同学玩都挤不出时间。

周末的意义在于调节平时相对紧张的学习生活，让孩子在课业学习之外能有机会恢复自身能量。如果孩子奔波于各种兴趣班，周末就失去了调节功能。不妨给生活松松土，给孩子一片相对宽松的天地，让孩子有机会凭着自己的性子去自由探索，做点他自己喜欢做的事，比如，做手工、看"闲书"、玩魔方、打水漂、爬树、骑车、追逐奔跑……

这些事看似都不是正事，却是"无用之用，方为大用"。孩子有机会自由尝试和探索，无形中发展了想象力、创造力、解决问题的能力。**会玩，才会学**，这些能力完全可以迁移到学业中。更重要的是，**只有孩子有自我探索的空间，才能提升对生活的自主感，对生活投入更多的热情和精力。**

让孩子有机会自己面对生活

两岁的孩子好奇地盯着游乐园里的小木马观察了一会儿后想爬

上去，可是没坐稳，倒在了软垫上。假设你是他的父母，你会有什么样的反应呢？

- 责怪孩子："看你，又乱爬了，不摔倒才怪！"
- 立刻跑过去，手脚麻利地把孩子抱起来，放在木马上："宝贝，咱们继续坐木马！"
- 走到孩子旁边，鼓励孩子自己爬起来："宝贝想坐木马呀，再试试看！"

当孩子遇到困难或是产生了消极情绪时，父母很容易做出第二种反应，急着替孩子解决，甚至可能会出现第一种反应——责怪孩子。如果你选择的是第三种反应，那么你可能会比前两种要花费更多的时间和耐心。不过，这些付出都是值得的，等孩子终于颤颤巍巍地坐到木马上时，他会体验到从挫败到喜悦的情绪变化，对消极情绪的容纳度也能得以扩展；他还会学习到如何更好地平衡和控制自己的身体，在未来面临类似情况时也能更有信心。

急着替孩子解决他面临的困扰，可能源于我们对孩子能力的不信任，以及我们的自大——认为我们的办法是唯一答案。我在和女儿一次很平常的互动中觉察到了这一点，这次经历点醒了我。

案例

有一天早上，我送当时读小学的女儿上学，走到半路她突然嚷嚷："哎呀，忘记带羽毛球拍了！"我顿时有些烦躁和郁闷，心想：唉，待会儿还得去学校给她送一次羽毛球拍。正当我努力消化内心的不爽并准备数落她几句时，女儿接着往下说："我想到一个办法！到学校体育器材室去借一把不就可以了嘛。"我很惊讶，女儿的解决办法出乎我的意料！我想当然地认为唯一的解决办法就是我给她送球拍，女儿却想出了不同的解决办法，而且这个解决办法更省事。幸好我当时没立刻数落她，否则她也没有机会动脑筋了。

● ● ● ● ●

当孩子遇到困难或是产生消极情绪时，父母忙着支招有时可能会事与愿违，不仅不能好好解决问题，还可能会把事情搞得更糟糕。下面的故事来自一位妈妈的分享。

案例

有一段时间，女儿口腔里反复长溃疡，吃饭时一碰到就喊疼。我很着急，给她各种建议。她说："饭太硬了，弄得我嘴巴好疼。"我说："那我给你盛点稀饭吃吧！"她说："不要，吃稀饭也疼。"我又建议："我给你贴个意可贴（这是一种治疗口腔溃疡的药物贴片）吧！"她很警惕地看着我问："有用吗？"我很用力地点头保证："很有用的，一定有用！"等我帮她贴上意可贴，她说："一点儿都不舒服！"等了一会儿，她又哭又闹："怎么还没好！"弄得我很烦躁。

冷静下来后，我反思自己急着把孩子的困扰接过来，孩子就会认为这个困扰不是她的，而对我去解决问题充满期待。当她感到我无法立刻消除这个问题时,她就会很失望,而我也很挫败沮丧。

第二天,她仍然跟我说嘴巴疼,我先共情她:"张开嘴巴让我看看!哎呀,溃疡很疼吧!这下吃饭都不方便了。"她说:"就是嘛!"我有意识地把面对问题的机会还给她:"这溃疡长这么大,怎么办呀?"她先愣了愣,想了想说:"没事,就这样吧!"过了一会儿,我问她:"要不要贴个意可贴?"她说:"不用了。"我问她为什么,她说:"过几天就会好了呀!"

● ● ● ● ●

在这个案例的前半段,妈妈想尽各种办法帮孩子摆脱不舒服,孩子呢?一方面,似乎越来越依赖妈妈;另一方面,对妈妈想出来的一个又一个办法并不满意。在案例的后半段,妈妈先共情孩子的感受,然后把解决问题的机会还给孩子,这让孩子自己调整了认知,而且她也完全有能力去忍受暂时的不适。不同的结果,区别在于父母是否给孩子机会去面对她自己的生活——**容许孩子面对自己的生活,是对孩子自主性的一种尊重。**

俗话说"勤快妈妈懒女儿"。父母替孩子做得多,孩子自己做得就少。比如,如果父母替孩子做笔记、划重点,比孩子还用力,孩子就不会认为学习是他自己的事。**父母永远都不要比孩子更用力,比孩子慢半拍最好。**

尤其是在孩子进入青春期后,父母更要有意识地逐步往后撤,给孩子留出更多自己去面对生活的空间。此时,孩子可能不再像上小学阶段那样大事小事都一股脑地告诉父母,有时可能还会关上房门把父母拒之门外,或是在日记本上悄悄写下自己的心事,藏在不会被父母看到的地方……这些都是很正常的现象,说明孩子有属于自己的空间,想独自去消化自己的情绪,父母需要去理解和尊重他们。

允许出错,给孩子试错机会

有些父母看到还在学走路的孩子想拿扫把学扫地,急着劝阻:"宝宝你扫不好的,还会添乱,你去玩玩具吧!"孩子第一次扫地时肯定扫不干净,但允许孩子扫地的重要意义在于,让孩子有机会去尝试、去体验、去发展自己的能力。**如果父母把所有的事情都替孩子想了、替孩子做了,孩子就失去了思考和实践的机会,永远都学不会动脑筋和做事情。**阻拦孩子尝试,就会让孩子失去发展自己能力和自主性的机会。

父母往往要么不让孩子尝试,要么希望孩子一下子做得完美。有的父母推崇"成者为王败者寇"的理念,追求成功和完美,害怕或难以忍受失败和不完美。比如,看到刚上一年级的孩子写字不工整,立刻就着急上火,要求孩子全都擦掉重写。这样的父母可能忽视了这样的事实:孩子刚开始学认字和写字,刚学习新知识、新技能,在这个过程中出错或是不完美真是太正常了。

有的孩子不愿意在失败后再做尝试,可能是在成长过程中内化了父母或老师对完美的苛求。孩子对自己达不到完美感到很挫败、很羞耻，为了避免这种糟糕的感觉，便索性放弃尝试。只有父母能忍受孩子出错和不完美，让孩子觉得自己出错或做得不完美是被容许的，孩子才能忍受自己的失败，有勇气从失败走向成功。

在带领 P.E.T. 父母效能训练工作坊时，我曾和大家一起玩"我错了"的游戏，规则是当动作出错时大家一起欢呼"我错了"。刚玩游戏时，大家会为自己出错而感到忐忑不安并略带尴尬，欢呼几次后便逐渐放松了下来，发现出错并不可怕，天也不会塌下来。**允许孩子做得不完美，从坦然接纳我们自己也会出错开始。**

学习是一个逐步修正、从生疏走向熟练的过程。有些孩子天性属于慢热型，刚接触新的知识或新的技能时没法迅速上手，需要时间去消化吸收，多加练习后能慢慢摸索出规律，越来越顺手。**父母要接受孩子在一段时间内做得不是那么好的现实，给孩子调适的时间和空间。**女儿上小学时，我曾协助她练习后滚翻，对此深有体会。

案例

有一天晚上，女儿突然想起第二天要测试后滚翻，但她还翻不过去。她尝试在床上练习，但空间比较狭窄，施展不开手脚，又跑到客厅沙发上试，可是整个身体都陷入了柔软的沙发里，更是翻不过去。我让她在客厅地垫上练习，鼓励她把自己想象成一个球，身体尽量蜷缩起来，带着一定的惯性快速向后滚。

她试了几次，但最后都像不倒翁一样瘫倒在地垫上——就是翻不过去！我渐渐失去了耐心，声调不由提高："速度太慢了，要快点！"还忍不住数落她临时抱佛脚。本来就已很着急的女儿委屈地哭了，一边抽泣一边说体育老师突然说要考试的，根本没时间练习。我想想她也有难处，努力让自己冷静下来，向她道歉："刚才妈妈太着急了。这次测试很突然，你没有练习的时间。"

　　女儿的情绪缓和了下来，决定把地垫搬到自己房间去，关起门来练，要我去帮她。我很快就体会到一种倾尽平生绝学的无力，只好先帮她推两把，让她体验到翻过去的感觉，鼓励她自己去寻找这种感觉，然后掩上门默默退出去，把空间留给她。隔一段时间便敲门进去看看她练习的情况，指点一下姿势，帮她推两把。一个小时后，女儿呼我："妈妈，你来看看！"她翻过去了！我问她："感觉如何？"她一脸得意地说："当然很开心。"

●　●　●　●　●

　　在女儿练习后滚翻的一个小时内，她得以进行自主探索，最终才能体会到凭借自己的力量克服困难的喜悦。父母有时急切地想指点孩子"少走弯路"，可是往往会发现孩子"偏偏不听"，原因在于忽略孩子有追求自主的需求。**父母尽力之后还是放平心态为好，毕竟孩子的路总归要他自己走，吃一堑也能长一智。**

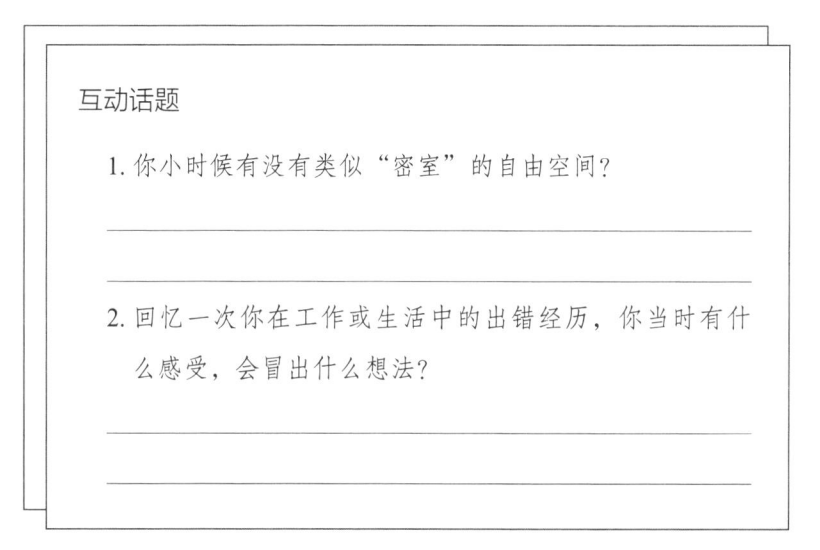

> 互动话题
>
> 1. 你小时候有没有类似"密室"的自由空间?
>   _____
>   _____
>
> 2. 回忆一次你在工作或生活中的出错经历,你当时有什么感受,会冒出什么想法?
>   _____
>   _____

协助孩子自主地决策

要想支持孩子获得自主感,父母至少可以减少过度控制或施加压力。 给孩子自己探索的空间,减少对孩子自主探索的干扰和破坏,是父母可采取的相对无为而治的支持方式。还有一类更积极主动的支持方式,是协助孩子明确自己内心的需求,鼓励孩子面对问题时自主思考。

在本章开篇,我的朋友减肥成功的关键之一是,明确并坚定了自己的需求是让身体更加轻盈。一旦目标明确,减肥的内在动力就会迸发出来。当我们缺乏动力时,往往是因为我们并不太明确自己的需求是什么,便随波逐流地迎合社会的期待,或是只盯着如何赢过他人。只有明确自己内心的需求，想清楚自己想要什么，才能更加专注于自己，为自己负责。

明确自己内心的需求

有的人从小就被教导去超越别人而不是关注自己，从而把很多精力放在比较、排名和竞争上，眼睛总是盯着别人看，生怕比别人落后。对于自己是一个什么样的人、自己喜欢什么、自己擅长什么、自己的需求是什么等这些成长过程中的向内探索都很贫乏苍白。许多人习惯于不去谈论自己想要什么，并在不知不觉中把这样的观念和行为模式传递给了自己的孩子，孩子也渐渐习惯于不问自己真正需要什么。

如今处处都充斥着与电子产品为伴的网络流行文化。社会大环境中有些人对网红的追逐、对物质的崇拜、对流量的迷恋等，让孩子更加追求被他人认可和关注——别人会怎么看我？我要打造怎样的"人设"？孩子越发缺少对自己内心想要什么的探索，缺少对自己的个性进行挖掘和沉淀。

由于缺少对自己的向内探索，因此在进入下一个人生阶段或是更换生活环境时很容易陷入迷茫。比如，进入大学后，不少学生会陷入迷茫、彷徨，因为一方面，他们发现大学里人才济济，山外有山天外有天，自己似乎有些相形见绌；另一方面，他们不清楚自己真正喜欢的是什么，擅长的是什么，找不到自己的位置，失去了前进的方向和动力。

鼓励孩子认识自己、探索自己可以从小时候开始，在日常亲子互动中进行。具体探索哪些方面呢？俗话说"人有七情六欲"，这里的"情"指感受，"欲"对应需求。**认识自己，可以从觉察自己的感受、觉察自己的需求开始**。父母在与孩子互动的过程中，应多倾听孩子内心的声音，回应孩子的感受，澄清孩子的需求，这样可以协助孩子逐渐清晰自己内心的声音，从而开启探索自我的过程。

在我们看清楚自己的需要之后，就会更清楚自己为什么要做这件事，有利于放下杂念、更加专注聚焦在要做的事情上。在写这本书的过程中，我曾陷入停滞状态，患得患失，担心逻辑不严密、用词不达意。让我走出拖延的是，我开始问自己为什么要写这本书，答案是希望成体系地整理出自己这些年的观察、实践和体会，让更多的父母重视、呵护孩子的内驱力。在明确了自己内心的需求后，我的心逐渐定下来，让自己的需求引领自己，有了继续写下去的动力。

一旦明确了自己内心的需求，需求就可以转化为目标，目标具有引领功能，从而激发人的内驱力。孩子在更清楚地了解了自己的需求后，更容易做出对自己负责的决定。有时孩子未必能很清楚地了解自己的需求，但通过自我叩问和与人交谈可以逐渐明朗。以下是一位妈妈协助初三女儿面对周末做作业效率的烦恼的经历，她们首先做的是梳理需求。

📝 案例

周日晚上,眼看又要到10点才能完成所有作业,女儿对此很不满意:"妈妈,你说我怎么改变这个习惯啊?平日作业都可以快速完成,到了周末就要一直拖。你帮我想想怎么办?"我试探性地建议她要不做个计划表,记录每项作业多长时间完成。她说:"我弄过了,没有用,不想做的时候还是拖着。为什么我平日可以很快完成,周末就不行?我周末是边放松边完成,但其实并没有真正放松。我希望是先全部完成,然后再好好放松。"

我拿出有关"需求"的词汇表,邀请她看一下现在的状况,满足了自己的什么需求,又有什么需求没有被满足。女儿从中选出已满足的需求是"内外一致"和"秩序"(符合自己的学习节奏),未被满足的需求是"效率"和"放松"。

女儿补充说,她担心这样下去,第一次模拟考试时的成绩会掉下来。我复述了她的需求:"你希望更高效地完成作业,希望可以维持住现在的成绩。"女儿点头说是。在清楚地了解了她所有的需求后,我和她一起讨论如何安排周末做作业的时间……

● ● ● ● ●

妈妈将有关"需求"的词汇表作为工具桥梁,让孩子去倾听自己的内心。妈妈还认真地倾听了孩子的心声,协助孩子明确她真正的需求。在孩子的需求浮现出来后,会很自然地转化为一种改变的内在动力，后续的细化解决方案也会更加有针对性。

鼓励孩子自主思考

当孩子在成长路上遇到挑战或是亲子之间出现冲突时，许多父母比较习惯于单方面地提出解决问题的方案。最终孩子有没有接受、问题有没有解决都还是其次，可惜的是，这会错过一个促进孩子自主思考、发展解决问题能力的宝贵机会。

不妨把孩子当成一个独立的、有能力的、与我们平等的人，听听他是如何看待当下的挑战的，和他一起明确他的需求是什么，有没有应对的解决办法。孩子有时提出的一些见解可能会超乎我们的想象。孩子在进行自主思考的过程中，主体感会随之增强，能更加有责任心地投入后续问题的解决。更重要的是，容许和鼓励孩子参与自主思考，孩子能从中体会到一种有深度的"我能做主"的感觉。

P.E.T.父母效能训练提倡运用"双赢法"来面对日常生活中的冲突，邀请孩子共同面对，先明确彼此的需求，随后鼓励孩子一起想办法、评估办法、共同执行，参与问题解决。以下是一位妈妈邀请孩子开展"双赢法"的实践，鼓励孩子进行自主思考。

案例

有一段时间，儿子上幼儿园总是迟到。他其实很喜欢去幼儿园，只不过早上要做的事情好多，导致出门晚了。平时我不介意他迟到，唯独我上古琴课那天，担心送他去幼儿园再去上古琴课，我也会迟到。于是我在前一天晚上和他谈了我的苦恼：妈妈不想上古琴课迟到。

那怎么办呢？我邀请儿子一起想想有没有让我们都满意的"开心大法"，他紧锁眉头，开始思考如何提高早上的效率……不一会儿，他和我就想到了十几个方法，并一一评估，选择了我们共同认可的方案，并分配了工作：晚上都早点睡；儿子睡前就把第二天要穿的衣服拿好放床头；我设置起床、吃早饭、出发的闹钟；我在7：30之前完成取鲜奶、做早饭的事务；儿子早上7：30起床，在10分钟内完成刷牙洗脸。

当天晚上我们开始按这个方案执行，第二天早上顺利完成任务，那天儿子没有迟到，我也没有迟到，我们都很开心。

● ● ● ● ● ●

尽管案例中的孩子只是个上幼儿园的小朋友，但妈妈并没有唠叨命令或告知孩子该怎么做，而是把孩子当成一个会思考的人，鼓励他一起动脑筋。其实，孩子需要去思考的问题还真不少呢！至少包含这些问题：面对当下的烦恼，有哪些可能的解决方案？如何兼顾妈妈和孩子双方的需求？如何权衡利弊，选择最适合当下的方案？如何将解决方案变成可执行的步骤？最终采用哪些方案不是妈妈一个人说了算，而是和孩子共同评估，和孩子分工执行。整个过程下来，孩子是不是能体验到"我能做主"的感觉呢？

如果孩子有机会进行自主思考，自主需求就能获得满足，从而更有动力去面对生活中的挑战和冲突。同时,孩子解决问题的能力也能得到锻炼,更有信心去面对生活中的挑战和冲突。

> 互动话题
>
> 1. 清楚地了解自己的需求有时并非易事,对此你有什么经验?
>
> 2. 回忆最近一次你和孩子之间发生的冲突,当时是怎么解决的?本节的案例给你带来了什么启发?

循序渐进,逐步放手

有的父母可能会问,让孩子获得自主感就是什么都让孩子自己来决定吗?当然不是。**什么都管、过度控制是一种极端,而什么都不管、纵容娇惯则会走向另一种极端**。什么都不管相当于在孩子没有具备驾驶汽车的能力时就直接把一辆汽车丢给他,并告诉他"开吧"。这不仅会让孩子手足无措,还会带来很大的风险。

父母应如何把握"管"与"不管"的尺度呢？**提供让孩子获得自主感的养育环境，根据孩子的年龄和能力逐步放手。同时，设定界限也非常有必要，让孩子学会在做选择时要承担起责任。**

我们可以把与孩子相关的日常生活事件大体分为两类：一类是可以完全让孩子自己做主的事；另一类是可以让孩子能部分做主、有一定选择空间的事。**父母可以根据孩子的年龄和能力，以及父母自身的接纳程度，来决定哪些事情让孩子自己安排，哪些事情让孩子拥有部分决策权。**

一方面，父母要考虑孩子的年龄和能力。随着孩子长大，他的思考力、判断力和执行力都有所提高，可以放手让他有更多自主决定的空间。对幼儿来说，自己决定穿什么衣服去公园，就能体会到自主感；对青少年来说，他的认知能力得到了进一步发展，自主意识也进一步增强，因此需要把更有挑战性的任务交给他，他才能体会到自主感，比如让他自己安排周末和同学的出游计划、设计自己房间的布置等。

另一方面，还要考虑父母自身的接纳程度。父母对孩子在多大范围内能自己做主的看法是不同的，也没有唯一标准。父母可以根据自己的接纳程度做一定的灵活变通，这既能让孩子体验到自主感，也能让自己感到舒坦、放心。比如，有些父母认为孩子穿什么衣服完全可以让他自己做主，鼓励孩子自己挑选；有的父母担心孩子受凉，认为不能任由孩子自己来，就可以变通一下，让孩子部分做主——可以提出期待让孩子穿长袖，但具体款式让孩子自己挑选。

这两种尝试都是在支持孩子体验自主感。更重要的是，**父母在此时能心存一份对孩子自主性的尊重，愿意去考虑孩子的自主需求。**

根据孩子所在的阶段不同，父母可以参考以下方法。

幼儿：鼓励大胆尝试和选择

如果你愿意花点时间做个尝试，那么不妨蹲下来保持幼儿的高度去看周围的世界。你可能会发现自己够不到洗手池的水龙头、取不着书柜上的书，你可能会感到郁闷、挫败、无助。你所体验到的，都是幼儿在日常生活中会面临的情景。这也是有时幼儿会烦躁不安的原因——他们各方面的能力都不如成年人，因此在与周围环境互动的过程中容易受挫，没有掌控感和自主感。

父母可以对幼儿的生活环境做一点小调整，让环境对他更加友好、便利，从而支持幼儿获得掌控感和自主感。比如，把客厅当中的笨重家具搬走，方便幼儿爬行；在洗手池下方摆放个垫脚凳，方便幼儿站上去够到水龙头……总之，让幼儿体会到"我的地盘我能做主"的感受。

幼儿正处于许多事情都想自己尝试的阶段，有些孩子对爸爸妈妈帮忙选衣服已经开始说"不"，更想自己来选。父母正好可以顺势而为，鼓励孩子自己能做的事情自己做，体验自己做主的感觉。一位妈妈特地对家里的衣柜做了改动，支持孩子进行自主选择。

📝 案例

我的女儿三岁了，她小时候都是我们给她选好衣服帮她穿，后来她长大一些就提出不要我们选，要自己选。衣柜里挂衣服的横杆是根据大人的身高设计的，对她来说有些高，于是我就在衣柜下方加了一根高度适合女儿的横杆，专门用来挂她的衣服。女儿在每天晚上睡觉前，都会很开心地从衣架上挑选第二天想要穿的衣服，整齐地放在床头，第二天自己穿衣服的积极性也特别高。

● ● ● ● ●

让幼儿有做选择的机会，能促进他获得自主感。

成语"朝三暮四"最早来源于有关选择的故事：

一个老头养了很多猴子，有一年闹饥荒，老头要缩减猴子们的食物。老头对猴子们说，以后每天早上给你们三颗果子，晚上再给四颗。猴子听了非常生气。于是老头改口说，要不以后早上给你们四颗果子，晚上再给你们三颗，如何？猴子听了就不再闹了。

这个故事当然是讽刺猴子们无知，被老头忽悠。不过，如果是从选择的角度看，猴子们之所以在老头提出第二个方案时欢呼雀跃，是因为它们拥有了另一种选择的权利。对人来说也是如此，**提供选择能给人带来自主感。**

对于吃饭比较挑剔的孩子，可以提前一天问问他想吃什么，或者提供 A 或 B 方案让孩子选择。需要说明的是，这并不代表倡导父母要依着孩子的所有想法助长偏食习惯，而是提倡提前交流，让孩子有表达自己期待的机会，同时给孩子一定的选择权，让孩子拥有自主感，这样能让孩子更容易接受食物。提醒一下，**提供给幼儿的选择尽量简单，两三项足矣，过多的选项反而让孩子无从下手。**

我认为，手机或平板电脑的使用不适合完全让幼儿自己做主。如果直接把手机或平板电脑丢给幼儿，希望他们能做到自主管理，那么就幼儿的普遍自控能力而言，他们是很难做到的。**父母有陪伴孩子的职责，鼓励孩子和现实生活中的人互动，给孩子安排一定量的户外活动，让孩子接触大自然，避免过长时间接触电子产品。**

当然，把孩子完全屏蔽在电子产品之外在当今很难实现。幼儿使用电子产品，需要提前和他约定好使用规则，比如约定周末每天可以看 20 分钟动画片。**在商量和执行规则的过程中，避免使用指责、贬低的语言，哪怕有冲突也要好好商量。** 如果孩子能得到父母的尊重，就会更愿意遵守规则。在规则细则上，仍然可以给孩子提供一定的自主选择的空间，比如约定好有 20 分钟动画片时间，什么时候看——是上午看还是下午看——可以让孩子自己来决定，让孩子体会到自己还有可以做主的机会。

小学生：在做计划中形成规划意识

孩子进入小学后，学习就成了他重要的生活内容。父母很希望孩子能高效地完成作业不拖拉，最头疼孩子一堆作业拖到周日晚上还没完成。高效完成作业离不开时间管理能力，可以鼓励孩子安排好每天放学后的时间，安排好周末时间，安排好寒暑假生活。让孩子尝试安排，既锻炼了他的时间管理能力，又让他获得掌控生活的感觉，从中体验自主感。

经常听到父母在周末或寒暑假对着孩子唠叨："你要多看点书，假期里不要只顾着看电视、玩手机！"与其这样反复提醒被孩子嫌弃啰唆，还不如和孩子聊聊："你在假期中有什么打算吗？"以下是一位妈妈分享的她鼓励一年级儿子做寒假计划的经历。

案例

别小看孩子，他可是有很多想法的。

刚放寒假时，儿子针对语文、数学、英语三门课把自己的目标、计划分别列了出来。比如，在语文上的目标是"默写更上一层楼"，计划是"每天默写一首古诗"。之后我再和他一起商量，增加了与运动、艺术相关内容，比如跳绳、练习弹钢琴，让寒假生活更加丰富多彩。

他可以根据自己的想法选择每天在什么时候做这些事情，原则是"今日事今日毕"。刚开始的几天他都完成得不错，也有不想做、忘记做、因为其他事情耽误了没时间做的情况。不过，我们几乎每天晚上睡觉前都会复盘当天的完成情况，不批评指责，只是让孩子讲讲自己做得好的地方、没有完成的原因，以及如何改进。为了能够更清楚地记录事情的完成情况，我也将这些学习计划整理成打卡表。我们不追求百分之百地完成，只是希望孩子形成时间管理和规划的意识就已经是好的开始了。

● ● ● ● ●

这个案例中特别难得的是，妈妈和孩子几乎每天晚上都会复盘计划的执行情况，让孩子讲讲自己做得好的地方、没有完成的原因，以及如何改进，促进孩子自主思考。孩子通过制订计划、实施计划、后续反思，再调整计划，时间管理和任务规划的能力都获得了逐步提升。

一旦孩子自己做计划，父母就要尊重孩子的计划，能容忍孩子的计划不完美甚至是有硬伤，让孩子有机会在实践中反思和完善计划。以下是一位妈妈的分享。

案例

我的女儿上小学三年级的时候，有一次，我让她计划如何过周末。女儿说想先泡温泉再做作业，结果周末美美地泡完温泉回家后，女儿靠在沙发上睡着了，作业来不及完成。那次经历之后，女儿主动提出，下次还是做完作业再泡温泉，这样才能玩得更安心。

● ● ● ● ●

显然，孩子从中吸取了经验教训，学习到了如何做出更合适的选择。试想，如果父母在一开始就强制要求孩子先做作业才能去泡温泉，孩子就没有机会经历自主思考的过程了。当然，知易行难，孩子未必因为这次经历就能在行动上百分之百地落实先做作业。不过，更重要的是**孩子从体验中开始有了领悟**，就向前迈出了一步。

青少年：自主探索过程比成败更重要

青少年的思维能力快速发展，解决问题的能力大大提升，会有很多富有想象力、创造性的奇思妙想。他们的自主意识比较强，喜欢自己拿主意，有雄心和激情，但有时显得冲动。他们想和父母保持一定距离，以彰显自己的独立，但在有些事情上还是会依赖父母。

针对青少年的这些心理特点，**父母既要尊重孩子的想法和选择，又要为孩子提供一定的协助，划定一些界限**。以下案例中的这位妈妈就很巧妙地平衡了这两个方面，需要协助的部分由孩子自己提出来，在限定入睡时间的前提下让孩子自行安排学习，支持孩子获得自主感。

> ✎ **案例**
>
> 儿子现在读小学六年级。我本是希望他就近升学就可以了，但他自己决定努力一把，争取考上另一所重点中学。我想了想，还是尊重他的选择，无论成败都尝试一下。他在学校上

晚自习，对于不会做的题，他会回来跟我讨论，这部分也是让他自己选择：你想提高哪部分你来挑选，我来支持你。我要求他睡觉不晚于10点，这样才能确保第二天上课的精神状态，在10点之前的这段时间里，他自己可以决定如何安排。

● ● ● ● ●

父母的生活经验和社会阅历比较丰富，对现实的评估判断可能会比青少年的更精准。因此，当青少年提出他的设想时，父母可能会习惯于给出意见和论断。其实，**不妨稍微等一等，给青少年一些时间自己去评估、实践和调整想法**。以下是我在女儿上中学时和她的一次互动，从中可以看出，青少年在冷静下来后是有能力权衡利弊、做出更妥帖、明智的选择的。

案例

期末考试临近，女儿跟我们说，周末想和两名同学去某个公共图书馆复习。我的大脑自动飞速运转：这个图书馆不在我们家所在的区，从家到图书馆要横跨半个上海，路上搭地铁来回需要两个小时，没必要把时间耗费在路上吧。更何况她晚上还有英语口语网课，能不能及时赶回来也是个问题……

不过，我忍住没直接驳回她的想法，而是提醒她："你们想找个安静的环境复习，我是支持的。去之前先查好来回路程和时间，下午早点回来，晚上还有一节英语口语网课。"我已经做好她铁了心要去的准备，不打算硬拦着她，只是给了她一些提醒。女儿乐滋滋地去查地图，我也去忙家务了。等我忙完，她告诉我，查了地图才发现这个图书馆太远，和同学们商量后都决定不去了。

● ● ● ● ●

允许孩子进行自主尝试和探索，体会其中的兴奋、挫败、迷茫、喜悦，他们内在生命体验将更加丰富完整，将来也能更好地面对生活的挑战。以下是一位妈妈分享她是如何支持和陪伴儿子经历一次科创探究活动的，在她看来，过程远远比最终结果更重要。

案例

儿子读初一时，报名参加上海市青少年科技创新大赛，他说要和小伙伴做个擦窗机器人。当时我脑子里冒出很多成年人固有的看法：要实现这个目标涉及很多环节，是个大工程啊！对初一的孩子来说，更是不可能完成的任务……但是我觉得，这对他而言可能是一个非常好的探索机会，他对此也充满了热情。于是，我对他说："可以啊，要采购什么东西，我愿意提供财力上的支持。你在这过程中遇到什么问题，咱们也可以聊一聊。"

于是，他和小伙伴两个人，坐地铁去浦东陆家嘴量了很多栋高楼的外墙玻璃，记录长度、宽度等数据。我完全不知道他们是如何说服保安让他们进到楼里测量的。他们还在网上货比三家，买到了性价比最高的原材料，制作过程中有时欣喜若狂，有时沮丧万分。有好几次，他发现自己做不出理想中的效果，很是挫败、沮丧，我就倾听、陪伴他。机器人最终做出来了，但非常庞大且简陋，因自重太重而无法站在窗户上，以失败告终。不过，我觉得他经历了独立探索、努力创新的整个过程，虽然惨遭失败，但最后他自己能接纳，依然对科学抱有热情，太了不起了！

◆ ◆ ◆ ◆ ◆ ◆

面对青少年的探索热情，父母不泼冷水，而是默默陪伴和支持，这能在最大程度上让青少年享受自主感，从而无所畏惧地去探索，尽力发挥自己的潜能，勇敢地向前走，活出自己的生命力。

互动话题

1. 针对不同年龄段的孩子，如何支持他们享受自主感？

2. 你的孩子处于哪个年龄段？你打算做哪些尝试，以支持孩子获得自主感？

第 5 章

常见养育困扰解析

第 5 章 常见养育困扰解析

> 道虽迩，不行不至；事虽小，不为不成。
>
> ——《荀子·修身》

本书第 2 章、第 3 章、第 4 章分别呈现了父母如何在日常互动中支持孩子拥有联结感、胜任感和自主感，从而营造呵护孩子内驱力的养育环境。

本章将以内驱力的"铁三模型"作为思考角度，去解析养育中常见的挑战。当孩子表现出一些情绪和行为问题时，可以考虑孩子在联结感、胜任感、自主感上是否得到满足，或者是否出现失衡，评估孩子在当下最需要得到满足的是什么，以便缺什么补什么。具体到每个孩子，还需要进行针对性的系统思考，进入孩子成长的时空维度中。

在**空间维度**上，把孩子的成长放到家庭、学校、社区的框架下思考家庭教育和学校教育环境中对孩子联结感、信任感和自主感的促进是否互补平衡。举个例子，如果学校的氛围比较紧张，放学后就要多给孩子一些可以自由掌控的时间，让他恢复自主感。

在**时间维度**上，要考虑孩子的年龄、生活经历、当下情绪状态等。举个例子，对于在相当一段时间内被忽视、缺少关注的孩子来说，他们可能最需要的是与父母或其他养育者建立联结感。而对于一些被全家人众星捧月、过度关注的孩子来说，他们可能更需要的是自主感，需要一个独立空间去自主探索。再举个例子，如果孩子正处于情绪爆发中，当下他的内心其实渴望自己被父母理解接纳，父母要优先考虑共情孩子以建立情感联结，增强彼此之间的联结感。

家有幼儿：缓解分离焦虑面面观

记得当年我送儿子上幼儿园的第一天，在教室门口见到这样一幕：

有的孩子两眼泪汪汪不肯进教室，有的孩子紧紧地缠住爸爸妈妈的脖子，边哭边喊："我要回家！我不上幼儿园！"还有个孩子已经被送进教室了，想想不对又回过头来，踢门、拽门把手，想逃出教室……

显然，这些都是孩子入园时分离焦虑的常见表现。大多数孩子表达紧张焦虑的方式比较直接，就是哭（号啕大哭或默默流泪），会边哭边配合语言表达（"我不想去幼儿园！妈妈不要走！我要妈妈！"），还可能伴随激烈的肢体动作（边哭边挣扎打滚，或是上述提到的想逃出教室)。有些孩子不哭不闹也不说,他们表达分离焦虑的方式比较隐蔽(比如,啃指甲、抠手皮、吮吸手指等)。

宝宝出生后,会通过哭、笑、咿呀叫与妈妈互动,引起妈妈的关注和照顾。七八个月左右的宝宝会把妈妈当成自己的情感依恋对象,和妈妈之间有深深的情感联结;他们更喜欢对着妈妈笑,和妈妈"黏"在一起;当他们独自玩耍时,会隔一段时间就看看一旁的妈妈,只要妈妈安在,世界就安好。

宝宝和妈妈建立了牢固的情感联结后,最开始的时候,如果妈妈从视线中消失,宝宝的内心就会感到难以忍受,生怕妈妈再也不会回来了,并因此烦躁不安甚至是大哭起来,这就是分离焦虑。英国儿童精神病学家约翰·鲍尔比经研究发现,宝宝在七个月至两岁,分离焦虑表现得最为明显。

入园时,孩子的分离焦虑凸显,有一个原因在于新环境带来的挑战。幼儿园的环境对孩子而言相对陌生,老师和同学都是以前没见过的,未来充满了不确定性;作为安全庇护者的妈妈或其他养育者没法陪伴在他的身边,孩子需要自己去面对,这让他有点手足无措。

人们以往惯用的应对孩子分离焦虑的处理方式,可能是劝告孩子不要哭或是转移孩子的注意力。实际上,在孩子产生焦虑时,如果能与孩子共情,让孩子感受到与父母之间有联结感,就能有效地协助孩子缓解分离焦虑,适应幼儿园生活。以下是三种应对策略。

策略1：事先预防，让温暖伴随

我曾读过一本名为《存起来的吻》的绘本，讲述了斑马小奔要离开爸爸妈妈参加夏令营的故事，摘录部分文字如下：

小奔想到睡觉前起床前，都得不到爸爸妈妈的吻，小奔突然一点儿也不想参加夏令营了。爸爸说："别担心，我和妈妈帮你存了好多个吻，你可以带上它们。"爸爸妈妈把纸放在中间，同时亲了一下。这样一张纸上就有两个吻了！一边是爸爸的，一边是妈妈的。爸爸妈妈把纸对折起来，把好多好多吻放进铁盒子里，让小奔带上。在去往夏令营的火车上，小奔有点想爸爸妈妈了，于是，他打开铁盒子。为了感觉到爸爸妈妈就在身边吻他，小奔躲在被子里，将纸使劲摁在脸上。嗯，感觉好多了……

故事当中的爸爸妈妈的"吻"，充满着爸爸妈妈的气息和爱，让孩子在爸爸妈妈不在场的时候仍然能感受到温暖的联结感。故事中带着爸爸妈妈吻的纸，在心理学中被称为"过渡性客体"。生活中，类似这样的过渡性客体可能是一个毛绒玩具，还可能是一条小毯子，在某种程度上扮演了爸爸妈妈的角色，能起到安抚孩子的作用。

允许孩子带一件自己熟悉的物品到幼儿园，有助于陪伴孩子度过入园适应期。儿子上托班时，班里有个年龄偏小的男孩，上课、睡觉时都抱着一个毛绒玩具。幼儿园的老师并没有取笑这个孩子，也没有强行把他的玩具拿走，而是给予尊重和接纳。一段时间之后，那个小男孩已经不需要再抱着玩具了，逐渐适应了幼儿园的生活。

策略 2：当下倾听，联结彼此

当孩子有分离焦虑的表现时，父母更有效的应对方式不是着急讲道理，而是安静地陪伴孩子，先听孩子说。在孩子愿意的情况下，尝试拥抱孩子。身体的抚触会使血清素分泌增加，肾上腺皮质素分泌降低，给身体带来舒适感，能让孩子感到温暖又安全，有助于其情绪稳定。

接着，认真倾听孩子传递出来的信息，让自己从孩子的角度来看问题，体会如果你是孩子会有什么感受，然后再反馈你对他当下感受的理解。如果你体会到孩子当下的感受是不舍得离开妈妈（或其他家人），那么你可以反馈"你很伤心，因为你舍不得离开妈妈（或其他家人）"；如果你觉得孩子是担心陌生环境，那么你可以回应"我感到你有些紧张，因为今天要见以前不认识的小朋友"。通过这种方式向孩子表达对其感受的允许和理解，能让孩子有释放情绪的空间，从而让情绪降温。

你通过倾听还可能发现，孩子不愿意去幼儿园也许还有其他原因。比如，幼儿园当天要安排体检，体检中有一项是抽血，孩子因害怕抽血而不愿意去幼儿园。

策略3：重聚，蓄满爱的能量

有一年暑假，女儿参加了一个夏令营，短短十几天几个女孩子建立了深厚的感情。我问女儿："离别时，你们伤心吗？"女儿说："当然很伤心了，我们还哭了呢，不过还好，我们互相加了微信，可以保持联系啊！"这件事给我的启发是，**如果孩子坚信情感联结能持续存在，分离焦虑就会减缓许多**。

有些孩子的分离焦虑在于，他们觉得再也见不到父母了，或是不知道什么时候才能再见到父母。因此，当我们和孩子在幼儿园门口分开时，有必要告诉孩子什么时候可以再见面，让孩子明白我们之间的联结并没有切断。孩子有时很难理解几点几分的时间概念，最好能用具体的事件作为标记告诉孩子，比如"下午睡醒吃完点心，妈妈就会接你回家"。

孩子放学回家后是亲子之间再次进行情感联结的好机会。父母如果能和孩子进行一些高质量的互动，比如一起玩玩游戏，就能满足孩子被关注、被呵护的需求，迅速和孩子实现情感的联结。

幼儿喜欢玩游戏，他们在运动中感知世界，因此一起做肢体运动游戏是亲子互动的不错选择。父母可以尽情发挥想象力，和孩子一起创造游戏。比如，一起躺在垫子上翻滚，假装我们都是烤得滋滋响的香肠，一起躺在垫子上翻滚；裹上床单假装是包上菜叶，互相帮忙翻身就是给香肠翻面，还可以假装撒点胡椒粉，由此可以延伸出卖烤肠的游戏……类似这种让身体动起来又富有想象力的游戏，孩子能参与创造和自由发挥的空间很大，孩子觉得好玩有趣，往往会乐不可支、开怀大笑,能很好地释放孩子与家人分离时被压抑的焦虑,让心情放松。

亲子互动游戏往往能起到类似"充电五分钟通话两小时"的作用,既缓和了孩子的分离焦虑,又给孩子灌注了爱。**一旦孩子的内心充满了能量,就会更有勇气去面对分离,也能更有信心重新踏上走向独立的征程。**

小结:健康的联结是亲密且不纠缠

策略 1 展示了如何为分离提前做一些预防和过渡。策略 2 展示了当孩子不想去幼儿园并爆发情绪时,费尽口舌说服孩子幼儿园有多好玩往往是无效的,而威胁恐吓只会让孩子的情绪更高涨,只有倾听理解孩子的感受,才能让孩子的情绪真正得到缓和。策略 3 呈现了亲子重聚时用游戏的方式陪伴孩子,不仅能让孩子在情绪上更放松,还能让亲子关系更亲密。

这三个策略从事先、当下、重聚三个不同的时间节点,增强了孩子与父母的联结感。孩子感受到来自父母的支持和爱,将其逐渐内化为"内在的父母",当将来遭遇挫折和挑战时,即便父母不在身边,"内在的父母"也能发挥功能,帮助孩子调整和稳定自己的情绪。

如果孩子各方面能力发展正常,那么在孩子情绪比较稳定的前提下,父母可以尝试轻推,让孩子去适应幼儿园生活。当孩子经历一段时间的幼儿园生活,发现暂时离开父母、和幼儿园老师同学待在一起也并非那么可怕时,孩子对自己在情绪控制能力、环境适应能力方面就会产生胜任感。入园适应有时可能有所反复，父母得先稳住自己的情绪，才能协助孩子稳定情绪。

每个人都会在成长过程中经历很多次分离，比如宠物走失、好友转学、亲人离世等。回想当年送儿子上幼儿园的第一天，带班老师再三劝说徘徊在教室门口的家长："你们就先回去吧！"可是，许多家长仍然眉头紧锁，趴在教室玻璃窗外张望着不肯离去……这种父母对子女的不舍，又何尝不是一种分离焦虑？

我曾参加过一个持续两年的婴儿观察训练项目，从宝宝出生开始，几乎每周都会到同一个宝宝家中观察母婴互动一小时左右。在一次观察中，我发现一岁左右的宝宝和以往的表现很不同，特别黏妈妈，动不动就哭，很难安抚。事后得知，当时妈妈因工作需要得出差几天，妈妈很担心宝宝能否适应。妈妈和家人谈论出差这件事，都特地避开宝宝。尽管如此，宝宝仍然能感受到妈妈在离开前的牵挂，并因为妈妈的担心而变得烦躁不安。

可见，**孩子对父母的情绪变化很敏感，很容易受到父母焦虑的影响**。有的父母在放学接到孩子后就着急追问："宝宝，今天你在幼儿园一直哭吧？有没有同学打你呀？中午你没吃饱吧……"父母关心孩子的心情是可以理解的，但是表情和语言中透露出来的满满担心很可能会在无意中被孩子吸收。父母自己的内心有许多焦虑，在不知不觉中传递给了孩子，孩子也会变得焦虑不安。在情绪的同频共振下，父母和孩子分不清是你的情绪还是我的情绪，关系容易变得纠缠。

如果我们把入园当作孩子走向独立的一次契机，相信孩子有能力去面对挑战，孩子就比较能够以平和积极的心态看待分离。

> **互动话题**
>
> 1. 你的孩子入园时出现过分离焦虑吗？
>
> _____
>
> 2. 回想一次给你留下深刻印象的分离，你当时是如何去面对的？
>
> _____
>
> _____

家有小学生：协助自主学习有技巧

常听到小学低年级孩子的父母说，孩子做作业磨蹭，并认为孩子"不专注""太懒""怕吃苦"……接下来，先一起看看，孩子做作业时的磨蹭究竟是怎么形成的。

苏联心理学家巴甫洛夫做了这样一个实验：每次给狗喂食之前都会摇铃。经过一段时间后，只要一摇铃，狗就开始分泌唾液，形成了条件反射。

孩子在做作业的过程中，可能会因为不会做或错太多而体会到挫败感，还可能是因为作业内容较为枯燥而感到无聊。如果这类体验过多，就会让孩子在不知不觉中把做作业与消极感受关联起来，形成条件反射。

孩子一看到作业就感到痛苦，便会打心底里对做作业产生抵触，有了抵触情绪的干扰，做作业的效率就会降低、时间拉长。这时，如果父母没有体会孩子的处境并对其横加指责，孩子就会感到很委屈、很难过。这样不仅没帮到孩子，还会给孩子增加新的烦恼，进一步强化作业和痛苦感受的关联，更加抵触做作业。一位爸爸告诉我，有一天晚上他看到孩子做作业的速度很慢，就狠狠地训了孩子一顿，结果发现当天晚上孩子作业完成时间比之前更晚了。

要想让孩子做作业不磨蹭，就要化解孩子对作业的抵触情绪，解开做作业和痛苦之间的旧关联，并建立做作业和愉悦之间的新关联。

父母需要如何做呢？先要停止唠叨催促、贬低斥责，设身处地去理解和接纳孩子在做作业过程中的内心感受。要是有余力，还可以尝试做一些轻推转化，比如给孩子提供适合他的学习小窍门，增强作业的趣味性，调动孩子的兴趣等，让孩子觉得做作业并不痛苦。以下三个案例都在接纳孩子情绪的基础上进行了轻推转化。

案例1：化受挫为信心

孩子在上小学一年级时，刚开始正式的课业学习，许多知识和技能对他们来说都是全新的，学习方法也还在摸索当中，几乎是磕磕碰碰地在前行。当孩子发现题目不会做、字写得不好看、拼音和单词不会读时，往往会产生受挫感——这是低年级孩子在做作业过程中最常体验到的一种情绪。

由于他们年龄小，情绪调节能力较弱，受挫后很容易以哭闹、赌气，甚至索性躺倒不干的方式呈现出来。父母在看到这一幕时往往气不打一处来，心生烦躁，难以耐受孩子的情绪。看看这个案例中的家长是怎么处理的。

案例

书写英文字母 a 在成年人眼中可能很简单，但是对刚学写字的孩子来说则并非易事。记得儿子读一年级时有一次做作业，老师发了作业纸要求练习写字母 a。儿子连写了几个 a，发现自己写得歪歪扭扭就擦掉了，继续写发现写得还是不好看就再擦，眼看作业纸都快擦破了，他急哭了，把铅笔丢得老远……

我当时也有些烦躁，但努力让自己平静下来。站在孩子的角度想，他内心正在经历着多么强烈的受挫感！此时我要是再指责孩子，就等于雪上加霜，会让他更受挫。要是我安慰孩子"算了，别写了"，他就没机会体验到经过一番努力最终达成目标的愉悦了。于是，我决定先不说什么，只是抱抱他，默默陪着他。过了一会儿，儿子慢慢平静了下来。我递给他一本草稿本，鼓励他在本子上练习，觉得满意了再写到作业纸上。他接受了这个方法，练习了几次后写得越来越好，顺利完成了作业。

案例中的家长先接纳孩子的情绪，等孩子情绪稳定后再提供建议，轻推一把。最终让孩子体会到，在刚学习某项技能时，不熟练是很正常的，犯错误也不可怕，只需稍加练习就有能力做到。一旦信心恢复，完成作业自然不在话下。

案例 2：把无聊变有趣

你也许听过孩子这样抱怨："好烦，又是两位数计算！都做了多少遍了！"此刻多半是孩子认为作业枯燥重复而感到很无聊。成年人和高年级孩子都知道，一定的重复练习对于掌握知识是非常有必要的，并能忍受一定的重复练习。然而，低年级的孩子往往以新奇有趣为导向，一旦发现作业不好玩，热情就会下降，原本很简单的作业却迟迟不愿意动手做。

以下案例中的家长调整了作业形式，把学习过程变得轻松有趣，让低年级的孩子很愿意完成。

📝 案例

最近读一年级的儿子进入了期末复习阶段，老师从课本中整理出一些词语（"吃饭""可能""吃饱""泡茶""轻轻地""鞭炮""吃力""叫好""吹气""咬住"等），要求孩子们在家认读。儿子读着读着，有些兴致索然，屁股在椅子上扭来扭去坐不住。看到他百无聊赖的样子，我说："要不我们用这些词编故事吧，只要故事里包含这些词语就行，尽量编得奇怪好玩。"

儿子一听，眼睛立刻亮了，兴致勃勃地编起了故事："我吃饭了，但是可能没吃饱，于是就泡茶喝。我——哦不——姐姐轻轻地推开门，被突然响起的鞭炮吓趴在地上。她吃力地从地上爬起来，我连声叫好。姐姐很生气，冲着我吹气，突然猫咪冲过来，咬住她的耳朵……"他一边编一边笑，认读作业很快就完成了。

● ● ● ● ● ●

案例 3：转无望成希望

你也许也听孩子抱怨过"作业太多了"，一种可能性是作业量确实很大，大量低水平重复练习没太大必要，我们需要理解孩子，而不是指责孩子"为什么别人能做完而你不能"；另一种情况是作业量未必无法承受，只不过孩子乍一听作业量有所抵触，比如听说完成 100 道口算题，孩子容易陷入无望感："100 道！得多久才能做完啊？我不做！"孩子有困扰后，往往更容易"放大"作业量，认定这是不可能完成的任务。一旦产生无望感，孩子就会失去做作业的动力，干脆躺平罢工。

我们在此不讨论作业量到底多少才适合，只探讨如何转化孩子的这种无望感。以下案例中的这位家长把作业分解成若干个小任务，分步骤完成，让孩子看到完成作业的希望。

📝 案例

有一天,老师布置的语文作业是默写四篇课文的词语。默写是女儿的弱项,一看到要默写三四十个词语,她就哭丧着脸,坐在书桌前扭动着身体开始哼唧:"太多了!我不想默写……我不要默写……"我有些无奈,但还是轻轻抚了抚她的背:"你觉得要默写的词语太多了,没信心能完成。"在我帮她把内心的感受说出来后,她的情绪稍微平稳了一些。

我提议,先默写两课,听个故事休息一下,再默写剩下的两课。女儿说好,后来顺利完成了默写任务,前后加起来只用了约半个小时。让我惊喜的是,后来女儿学会了这种化整为零的方法,开始自己安排,比如,她会说"我先把这两页口算做完,休息五分钟,再完成另外两页口算"。

● ● ● ● ●

小结:轻推转化,有助于孩子获得胜任感

孩子对做作业不抵触,并且在做作业的过程中逐渐体会到成就感,对自己的能力就会越来越有信心,学起来才能越来越有劲头,更加愿意自主学习。**孩子自主学习的关键在于获得源源不断的胜任感**。如果觉得孩子做作业磨蹭,希望孩子能自主学习,那么父母的心态也需要一定的转化。

第一步，认知转化。孩子在做作业的过程中表现出拖拉抵触，说明孩子向你传递了这样的信号："我遇到困难了！我有困扰了！"此时，孩子需要的是理解和协助，而非指责。如果你认为孩子故意拖拉磨蹭，你的心情就不会太好；如果你认为孩子遇到困扰也挺不容易的，你的心情就会缓和一些。可见，认知转化也有助于第二步的情绪转化。

第二步，情绪转化。如果你意识到了孩子遇到困扰，但仍然控制不住要发火，那么推荐你用一些正念的小技巧稳住自己。比如，暂时离开孩子和作业，到另外的房间做几次深呼吸。在你稳住情绪后，再去体会如果你是孩子，你的内心会经历什么——可能是受挫感，可能是无聊感，还可能是无望感……你所体会到的就是孩子的感受，这样的换位思考有助于你接纳孩子的消极感受。

第三步，行动转化。如果你能接纳孩子的消极感受，不唠叨、指责孩子，而是愿意去陪伴孩子，甚至可以帮助他说出内心的感受，孩子就会感到被理解，感受到与父母之间存在着爱的联结。在此基础上，你才有可能进行轻推协助，孩子才愿意配合你去尝试、去坚持。在双方的合作之下，孩子才有机会获得学习的胜任感。

在孩子学习这件事情上，父母需要明确自身的角色定位，不做"监工"，而是成为第 1 章提到的"陪伴孩子成长的顾问"。具体要做的事情是，帮助孩子从消极情绪中恢复过来，让孩子重新进入良好的学习状态，让孩子看到自己的进步，获得学习上的胜任感。

父母要想上岗当顾问，很重要的一点是**获得孩子的信任**，保持

与孩子的情感联结。如果平时亲子关系糟糕,孩子就不会信任父母,不太愿意听取父母的建议。因此,**协助孩子获得学习上的胜任感,需要亲子之间的联结感作为基础。**

> 互动话题
>
> 1. 孩子做作业时,哪些行为让你备感欣慰,哪些行为让你很抓狂?
>
> _____
>
> _____
>
> 2. 你在学生时代遇到过学习上的挫折吗?当时你是如何应对的?
>
> _____
>
> _____

家有青少年:手机管理的合作共赢

看到青少年抱着手机不放,大多数父母常见的处理办法有三种。

父母往往最先采用的是指责、没收手机,甚至是断网。年龄小的孩子对这招还是服帖的,可是青少年可不是那么好管,断网了就想办法再接上，手机被收就想法子从同学那边搞到旧手机，有的甚至瞒过了父母安装的摄像头监控，亲子间简直就是"道高一尺魔高一丈"的斗法。

于是，父母被迫进入第二种应对方式——退让隐忍，即睁一只眼闭一只眼，任由孩子来。父母在角力中败下阵来，心存不满和怨恨，甚至憋出内伤。

第三种应对方式是最常见的——在以上两种方式之间摆荡，先用权威想压倒孩子，斗不过只好退避忍让，忍了一段时间后，以更猛烈的方式和孩子拉扯。

以下步骤不同于以往这些处理方式，通过寻求父母和青少年之间合作共赢的可能，让青少年真正学会自我管理，为自己的人生负责。

步骤1：将冲突视为成长机会

"孩子总是玩手机，成绩不好还不肯做作业，说他也不听，我恨不得把手机砸了，如何才能让孩子不玩手机？"不难看出，父母往往一下子把问题焦点集中在"如何不让孩子玩手机"上。以至于后来变成了一看到孩子拿起手机就着急上火，开始唠叨孩子，要是孩子没有立刻放下手机，父母就会感到强烈的挫败，做出更多威胁恐吓行为，进一步产生冲突。

父母还常认为，孩子是因为玩手机才导致学习成绩落后的。事实上，有时恰恰相反。有的孩子学习成绩不好，各方面表现平平，在同学中没有什么存在感，在学校被老师批评，回到家挨父母责骂。他的每一天大概都过得很辛苦、很压抑吧？还是打打游戏最放松，还能获得在学业上得不到的成就感，于是玩手机就成了他舒缓情绪压力的方式。在这个例子当中，学习落后是因，玩手机变成了果，互为循环。

沉迷于玩手机和学习成绩落后，也可能不互为因果关系，而是存在一个更加底层的共同影响因素——**自我管理能力**。许多学霸型的孩子也玩手机，但能进行自我管理，即手机能拿得起也能放得下。他们在学习上同样有很强的自我管理能力，能有效计划安排自己的学习，能在学习过程中排除无关干扰。

这启发我们，**不妨把手机争夺战视为孩子发展自我管理能力的成长契机**。不固着于纠正孩子的表面行为，而是着眼于孩子的底层能力的发展，协助孩子逐渐学会合理使用手机。众所周知，**人的自我管理能力是逐步发展的，需要一个过程**。想到这一点，我们可能就会放下一些焦虑，有更多的耐心去协助孩子。

步骤 2：透过行为看孩子的需求

新冠肺炎疫情期间，上中学的女儿在家上网课，下课后津津有味地捧着手机玩起了游戏，对游戏不感兴趣的我很难理解她的行为。为了更好地理解玩游戏究竟给她带来了什么体验，我们有了以下对话。

我：我真的很好奇，玩游戏让你的生活有什么不同？

女儿：开心啊，总是学习很累的。

我：你的意思是，玩游戏让你很放松。

女儿：今天我终于进到三阶了！爽！

我：进阶有点像考试过关吗？你是怎么做到的？

女儿：我先去看别人的攻略，自己再打，就很容易通关了。

我：这很像是先去看别人用了什么学习方法，学过来后再进行练习，一下子就提升很多。

女儿：我们班玩这款游戏的几个同学还组队了。

我：你们还自发组织了"学习小组"，进行合作式学习。

女儿：好像是这样的，不过老妈你别用学习进行类比，有点扫兴啊！

我：哈哈，这么类比后，我就明白你为何那么投入了。玩游戏，很放松，又有成就感，还能和好久没见面的同学聊天。（**孩子的需求**）其实，我也不反对你玩游戏，只是希望时间上有所节制，以免近视度数加深，毕竟上网课已经让你较长时间盯着屏幕了。

在和女儿对话的过程中，我了解到玩游戏能让她放松，从中享受成就感，有机会和同伴社交。这三点也往往是许多孩子玩手机的原因。仔细观察孩子，不难发现他们玩手机的行为背后是追求某些需求的满足。

以社交需求为例，这是人的重要需求之一。我的一位朋友的孩子读小学二年级，新冠肺炎疫情期间在家上网课，每天上课前最热衷的一件事是用平板电脑给班里至少 20 位同学发送表情包。这个行为很明显是在寻求社交互动。寒暑假时，许多父母都为孩子玩手机的时间变长而感到头疼，其实这往往是因为孩子在家觉得孤单无聊，通过玩手机来打发时间的。一旦有小伙伴串门或是招呼一起玩，他们往往就会愿意放下手机，去和小伙伴一起玩。

理解孩子，需要透过表面行为看到孩子背后的感受、想法和需求。在理解的基础上，才有合作的可能。

父母也需要理解自己，澄清自己对玩手机的感受、想法和需求：看到孩子玩手机，我产生了什么感受？我最担心的是什么？我对玩手机有什么看法？我有什么诉求？尝试坦诚地表达自己，争取获得孩子的理解。切记，一定不要唠叨。

步骤 3：一同协商，构建规则

满足同一个需求可以有多种解决方案。比如，满足孩子放松的方案肯定不止玩手机一种，还可以散步、听歌、泡澡、撸猫等。理解了孩子的需求后，就可以创造条件，拓宽解决方案，用正向方案替代手机功能。女儿在家上网课期间，我结合她的兴趣，有时会鼓励她在下午网课结束后参与烧菜。孩子吃着自己烧出来的菜，满脸兴奋，连连说特别香。孩子在烧菜的过程中会感到很放松，还能收获成就感，满足了她既想放松又想获得成就感的需求。

前面提到的那个给同学发表情包的孩子，她的妈妈一开始很担心孩子因为发表情包而盯着平板电脑时间太长影响视力，曾在家里贴了视力表并隔三岔五地让孩子过去检查，唠叨教育一番。后来，她发现这种方法无效。在她意识到孩子有社交需求之后，她鼓励孩子在课后用打电话的方式和同学交流。她还从实践中体会到，让孩子减少使用电子产品更好的办法是，空闲时和孩子一起发现生活中有很多有意思的事，比如一起用植物做拓印画、种菜等，激发孩子生命中的热情。

当我们邀请孩子一起动脑筋想解决方案时，往往会惊讶地发现，孩子非常有智慧，他能从以往的经历中找到对自己最有效的办法。比如，我曾问女儿："游戏太好玩了，以往你在做作业时是如何做到抵挡住诱惑的？"她总结了几点：（1）知道自己今天要干什么；（2）做作业时，把手机放到离自己很远的地方；（3）提醒自己完成作业再"享乐"。

邀请孩子参与思考时，可以用这样的方式沟通："我也想听听你的意见""你认为哪些方法对你最好"。如果孩子说"我不知道"，那么父母可以请孩子"设想一下"。如果孩子不愿意设想，那么也可以提出一些可能的方案供他选择，从而促使孩子和父母交流，比如："我们来设想一下……做作业的时候，把手机放到厨房的抽屉里怎么样？"双方协商出来的方案，就是约定的规则。

协商是以平等尊重的姿态，和孩子肩并肩地共同面对挑战，通过鼓励孩子自主思考，调动孩子的参与度和积极性，既发展了孩子解决问题的能力，又让孩子有自主感。在方案的选择上，既要考虑尊重孩子的需求，也要顾及父母自己能否真正接纳、满足父母的需求。

步骤4：在实施中调整和渐进

无论是对孩子还是对成年人来说，从"知道"到"做到"往往隔着十万八千里。因此，我们需要把双方协商出来的、觉得可以尝试的若干条方案进行细化，确认谁来执行、什么时候执行、如何执行。比如，针对我女儿提出的"知道自己今天要干什么"，如果细化到可操作层面，就可以变成"计划并写下完成不同科目作业的时间安排"。

在实施方案的过程中，父母容易产生理想化期待，认为孩子理应百分之百地执行到位。一旦孩子没有做到，父母就容易责怪孩子"说到没做到"。实际上，刚开始尝试一种新的行为，能做到五六成就已经很不错了。无论怎样，都要肯定孩子的努力。

就算发现孩子的执行效果不是很理想，也没必要立刻翻脸，更重要的是和孩子一起去反思：方案是否切中目标？与孩子现在的能力匹配吗？需要我们如何协助？比如，如果和孩子协商好周末玩游戏的时间是半小时，但发现孩子到了约定时间停不下来，就很可能需要设置一个提前五分钟的闹钟提醒或口头提醒，以便让孩子有所准备。即使孩子停止游戏的时间比预定的稍晚几分钟，也没必要大加斥责。毕竟，**孩子是发展中的人，需要给他一些空间和弹性**。

方案执行一段时间（比如一周）后，我们需要和孩子一起对方案进行评估和调整。由于现实生活情况在不断发生变化，因此对方案也需要随之进行调整。比如，在上网课期间，我和女儿协商的一个方案是中午固定拨出时间打羽毛球；线下复课后，我们把打羽毛球的时间调整为傍晚。

小结：保持平衡，系统思考

如今的孩子是伴随着互联网和电子产品发展而成长起来的，我们无法将手机或平板电脑完全剥离排斥在外，堵不如疏。面对因孩子玩手机而引发的亲子冲突，我们始终需要提醒自己保持平衡：**一手坚持清晰的规则和界限，一手传递对孩子的尊重和关爱。**

愿意去理解孩子玩手机是有其需求的；愿意创造条件来满足孩子对放松、成就感和同伴社交的需求；愿意平等协商、倾听孩子怎么说；在执行过程中孩子没有做到时，不批评指责，而是愿意停下来看看哪里出了问题……这些都是关爱的体现。

面对孩子玩手机，敢于直面自己内心真正在乎的是什么，确认自己身为父母有着希望照顾子女身心健康的强烈需求，坦诚而坚定地表达父母对手机使用的想法，选择方案时考虑自己的真实接纳度，在执行过程中坚持不懈地推进方案落地……这些都是规则的体现。

规则和关爱同等重要。 如果缺乏规则，一味宠溺放纵，青少年就很容易走向追求即刻快乐，不考虑长远发展，不太尊重他人，比较以自我为中心；如果缺乏关爱，只有冰冷戒律，青少年就很容易与父母失去情感联结，心理距离渐行渐远，而且难以信任他人，缺乏共情能力。

如果孩子长时间玩手机，并影响了正常学习和人际交往，父母就需要进行系统思考了。对照内驱力的"铁三模型"，孩子很有可能在现实生活中已经有相当一段时间缺少联结感、胜任感、自主感中的某个或某几个方面的满足。

如果孩子长期与父母缺乏联结感，手机可能就会变成孩子寄托情感的载体。有来访家庭因为上初中的儿子沉溺于手机来到咨询室，交谈后发现孩子比较内向、不善言谈，在学校朋友并不多，父母忙着做生意和照顾老二，孩子感到很孤独。针对这类情况，父母需要增加亲子陪伴和交流，让孩子感受到与父母的联结感，在此基础之上鼓励孩子发展社交技能，逐步增强其在同伴交往中的胜任感。

如果孩子在学业上缺乏胜任感，可能就会通过玩手机来躲避挫败感。曾有父母咨询上初中的女儿玩手机怎么办，探讨后发现，孩子上初二时数学学习跟不上，晚上回家后因为不会做而拖着不做作业，并通过玩手机让自己放松，以此抵消学业上的挫败感。然而，越是躲避到虚拟世界中就越是难以面对眼前的学业，学习更加跟不上，形成恶性循环。父母用斥责的方式训诫孩子，进一步强化了孩子的挫败感，也越发把孩子推向虚拟世界。针对这类情况，孩子可能还需要有针对性的学科辅导协助，逐步增强学业胜任感。当然，仍然是**关系为先**，父母得先理解孩子的处境，停止斥责，保持良好的亲子关系，获得孩子的信任，孩子才愿意合作。

你或许有个疑问：如果做不到同时关照孩子的联结感、胜任感和自主感，那么可以优先满足哪个？本书第 2 章、第 3 章和第 4 章的内容编排，已经呈现了大致顺序：首先，与孩子保持良好的亲子关系是基础，让孩子感受到与父母之间有**联结感**；其次，轻推协助孩子获得在学业、社交、运动等方面的**胜任感**；最后，逐步放手，让孩子体会**自主感**。

关于孩子的手机使用，也可以参考这个顺序。如果评估下来，孩子从家庭和同伴的交往中能充分获得联结感，在学业、社交和运动方面有一定的胜任感，那么建议父母可以更多地信任孩子，允许青春期孩子尝试自己管理手机，享受自主感。孩子在尝试管理手机的过程中，能逐步获得自我管理的胜任感，并且因为父母的尊重和信任再次体验到联结感，从而形成良性循环。当然，具体到每个孩子，还需要结合成长经历和环境进行系统思考。

互动话题

1. 你的孩子用手机具体做什么？这能满足他的什么需求？

　　_____

　　_____

2. 你自己用手机具体做什么？这能满足你的什么需求？

　　_____

　　_____

家有多子女：巧借力化解频繁冲突

不少人认为，家里要是有多个孩子，他们可以相互做伴一起玩，其乐融融；还有人认为，大孩子可以帮忙照顾小孩子，兄弟姐妹之间团结友爱，特别温馨。在实际生活中，是否像想象中的那般美好？与独生子女家庭相比，多子女家庭会遇到哪些挑战呢？如果孩子们之间冲突频发，父母该如何理解，如何应对，如何让自己更轻松呢？

少比较，真正理解和看见孩子

独生子女的内心自带"我是家中唯一"的笃定感，而多子女家庭的兄弟姐妹之间则存在一种暗流涌动的竞争感，彼此会下意识地暗自比较。父母、爷爷奶奶、外公外婆、街坊邻居、老师同学也会对这几个孩子从外貌特征到性格再到智商水平暗暗比较，比如哪个是双眼皮，哪个更乖巧懂事，哪个更聪明机灵……

周围人对这几个孩子（尤其是两个孩子）进行比较时，容易陷入"二分法"，把"好"投射给其中一个孩子，把"坏"投射给另一个孩子，比如，认为姐姐皮肤白长得好看，妹妹皮肤黑长得不好看；哥哥愚钝，弟弟聪明。对于在社会评判标准下处于弱势的孩子，内心会承受很大的压力。

人们对双胞胎的比较更是乐此不疲，因为他们长得如此相似，总得找点什么不同的来说说。一位朋友家里有一对龙凤胎，孩子上小学时，她特地跟学校申请让两个孩子在不同的班级，以弱化外界对两个孩子的比较和评价。尽管如此，孩子在内心还是会暗暗比较。作为父母，应如何去安抚觉得自己落后的孩子呢？

案例

荷球比赛结束后，兄妹俩回到家里。哥哥兴高采烈，他的体能测试是第一名；妹妹拿了第四名，显得很沮丧。我拿出棒冰给他们吃。妹妹的棒冰吃了一半断掉，很不开心，重新从冰箱里拿了一根，谁料吃了一半又断掉，忍不住哭了起来。

洗澡时，妹妹说："妈妈，我太不走运了，为什么哥哥总是那么幸运？"我开始说教："每个人都有幸运和不幸运的时候呀。"妹妹抽泣着说："我今天已经不幸运三次了，我预感马上就要有第四次！"我问她："会发生什么不幸运？"她说："我马上就要在浴室里摔跤了！"我继续讲大道理："妹妹，你有没有听说过吸引力法则？你相信幸运，幸运就会来到你身边；你相信不走运，它也真的会来的！"妹妹说："可是我已经等好久了，我从小就一直在等，但一直都是哥哥比我幸运。"

我忽然明白了，不仅是今天的荷球比赛，兄妹俩学习成绩的差异也一直是妹妹心头的压力，不由地心疼起妹妹来。我说："这种感觉你忍了很久，一定很辛苦。你希望在许多事情上都能做得像哥哥那样好。"妹妹望着我，眼里有了终于被理解的释怀和轻松。我接着说："无论是在你幸运还是不幸运的时候，妈妈都会在你身边陪着你，我们一起分担。"妹妹过来拥抱了我,我能感受到此刻她的身体柔软了下来,不再紧绷。熄灯睡觉时,她在黑暗中说:"妈妈,谢谢你,现在我又感觉到幸运了!"

● ● ● ● ● ●

社会比较不可避免,孩子的沮丧、难过会随之而来。起初妈妈忍不住用说教、分享"心灵鸡汤"的方式试图让孩子摆脱沮丧、难过,发现难以抚平孩子内心的情绪。后来妈妈想到,不仅是当天的竞技比赛,还包括之前的学习成绩,妹妹都不如哥哥,便设身处地地理解孩子的感受,说出孩子的心声,孩子得以释怀,加上妈妈表达无条件地支持孩子,孩子恢复了信心。**父母对家庭中的每个孩子的理解和看见,对孩子来说是最给力的支持。**

不当裁判,当翻译官

多子女家庭的父母对此一定深有体会:每天孩子们之间大大小小的争吵、冲突司空见惯,家里各种鸡飞狗跳、硝烟四起。孩子们之间年龄相差不大的,争抢可能从早餐就开始了,围绕谁能吃哪个褶子更漂亮的包子争论不休,一天下来大战小战不断,到晚上临睡前,还会为讲什么睡前故事拌一番嘴;孩子们之间年龄相差比较大的,大孩子会告状小孩子拿了自己的玩具,小孩子则哭诉大孩子不带他玩还欺负他……

父母通常如何应对呢?有的两边各打五十大板,有的两边安抚各种哄，有的让大的让小的……结果往往是摁下葫芦浮起瓢。

案例

小时候暑假，我去奶奶家住，和姑妈家的表哥表姐一起玩，每天冲突不断，但都是一些争勺子、抢颗荔枝之类的芝麻小事。我仗着自己是最小的，抢不过吵不过就用看家本领——撒泼哭闹，找奶奶告状。奶奶总是教训表哥表姐要让着我，因为我比他们小。尤其是每当我和表哥发生冲突时，奶奶都会出来当裁判，虽然表面上都是我获胜，但副作用很明显：那段时间我的哭闹变本加厉，遇到屁大点事就只会哭，过后也没少挨表哥暗地敲脑门报复。

● ● ● ● ● ●

可见，父母当裁判并不利于孩子学习如何去解决冲突。以下案例中的这位妈妈不当裁判、不替孩子"仲裁"，而是为两个孩子搭建起沟通桥梁，推动孩子们自己解决冲突。

案例

从幼儿园回家，有两条路可以走，姐妹俩一人喜欢走一条路。如果娃爸和我一起接送，我们就会各带一个娃，走她们喜欢的路回家。有一天傍晚，只有我一个人接她们，姐妹俩在分岔口僵持着，妹妹想走 A 道路，姐姐想走 B 道路，眼看情绪越来越高涨……

我想起姐姐之前提过她不喜欢走妹妹选的那条路的原因,就对妹妹说:"姐姐不想走你想走的路,她觉得这条路要上下楼梯很麻烦,还要穿过马路很危险。"妹妹说:"但是,另外那条路也要穿过马路啊!"

我对姐姐说:"妹妹说你想走的那条路也要穿过马路,是同样危险的。"姐姐说:"妹妹想走的那条路有一位叔叔,特别可怕!"我回应姐姐:"妹妹想走的那条路上有一位叔叔,让你感到害怕。"姐姐说:"他上次批评过我,我被吓坏了。"我想起有一回姐姐过马路,协管员担心姐姐被车撞到,冲我大吼一声"看好你的孩子",我们都被吓到了。

我对妹妹说:"你想走的那条路上,有一位协管员叔叔让姐姐感到很害怕,她不敢走那条路。"妹妹说:"可是我不想走 B 道路。"我说:"哦,你不想走 B 道路。你和妈妈说说,A 道路哪里让你觉得特别喜欢的?"妹妹说:"走 A 道路会经过一个特别大的广场,在那里做什么都可以!"我重复了她的话,并补了一句"滑板车就可以骑得很快"。妹妹连连点头称是。

姐姐说:"B 道路也可以随便骑滑板车,还有一个下坡,滑起来特别快,还可以比赛呢!"妹妹说:"我不喜欢那个下坡,太危险了,而且路上总是咯咯哒(指不平整的石板路)。"我重复了妹妹的话,问她们说:"现在怎么办呢?走 A 道路,姐姐会害怕;走 B 道路,妹妹觉得骑滑板车不顺畅。有什么办法可以既让姐姐不害怕,又能让妹妹也很舒服呢?"

姐姐说:"如果走 A 道路,我就要闭上眼睛……"妹妹抢着说:"等等,我想到一个好办法!我们今天走一条路,明天走一条路,怎么样?"我说:"想起来了,明天爸爸会在放学后送你们去上游泳课,肯定得走 A 道路(这是去上游泳课的必经之路),那今天我们就走 B 道路吧。"姐妹俩同时欢呼,然后欢快地骑起滑板车,飞奔在 B 道路上。

● ● ● ● ●

这个案例中的妈妈很有智慧地扮演翻译官角色,把姐姐的心声进行提炼总结,转述给妹妹,又把妹妹的想法转述给姐姐,让两个孩子能听到彼此的心声。在理解彼此诉求的基础上,妈妈邀请孩子们思考让双方都满意的解决办法。孩子们的情绪被回应到,需求被澄清,思考的主动性被调动起来,处理冲突和解决问题的能力得到了锻炼。

用"开心大法"处理冲突

在一个家庭里,每个人都有自己的需求和想法。有时冲突不仅仅发生在多子女之间,还可能涉及父母需求的满足,这类冲突需要全家都参与进来讨论,寻求可以满足多方需求的"开心大法"。

案例

有一年我过生日,全家打算到一家步行十几分钟就能到的饭店吃饭庆祝。由于小区地面停车位紧张,要是回来晚了就可能没地方停车了，因此我们不打算开车。娃爸说，他和女儿步行过去，让我用家里唯一的一辆自行车带儿子过去。

这时，女儿不满地嘟囔起来："为什么每次都是弟弟坐自行车？我也要坐自行车！"我心里咯噔了一下，意识到女儿有情绪困扰了。我很想解释弟弟年龄小走不了太远，还好克制住了——这个时候她需要被倾听理解。

于是，我回应她："有好几次我们出去吃饭，都是你和爸爸走路，我用自行车带弟弟，你觉得这么做不太公平。"女儿的语气没那么着急了："是啊，我也很想坐的。要不，我抱着弟弟坐在后座上？"我说："哦，你很想和弟弟同时坐车。妈妈很为难，一方面很想同时带你们俩，但是另一方面又担心这样容易有危险。"女儿虽然有些失落，但若有所思。我看时间不早，就提议先按老办法到吃饭的地方，再坐下来好好讨论如何解决出行问题。当时女儿的情绪状态有了很大缓和，所以她没有异议，就和爸爸步行出发了。

到了饭店，我趁等菜的间隙，招呼孩子们一起商讨。**首先，澄清全家各自的需求**。我对孩子们说："爸爸不想今天吃完饭回家后花时间找停车位，所以不想开车。弟弟年龄小走不了多远就要我抱，我会觉得很累。咱们家只有一辆自行车，只能带一个孩子，姐姐因没能坐自行车而感到不公平。"

接着，邀请孩子们一起头脑风暴。我说："我们一起来动脑筋想办法，看看有没有什么'开心大法'，既能让姐姐开心，弟弟开心，妈妈开心……"还没说完，儿子插了一句"爸爸也开心"。没错,"开心大法"就是要照顾到多方的需求,让每个人都满意。

女儿说:"弟弟坐车筐!我坐后座。"我认真地在纸上记下来,鼓励她继续说。她一口气又说了好几个办法:弟弟坐后座,姐姐坐中间车座;回家后弟弟给姐姐按摩100下……先不管方案是否可行,我都一一认真地记录了下来。

我又回过头去问儿子,你有没有什么好办法?儿子一脸淡定地说:"回去的时候,姐姐坐自行车,我和爸爸走路。"我暗自吃惊:原本以为他还小,参与讨论只是走个形式,没想到也能想出办法来!

我又问娃爸:"你有什么办法吗?"娃爸半开玩笑地表示,可以买一辆类似地铁口拉客的三轮电瓶车,一下子就能把全家四口带上,加个盖风吹雨打都不怕。我也想了个主意,就是再买一辆自行车,这样爸爸妈妈就可以一人带一个孩子了。最后,我们一共记录了10种可能的解决方案。

然后,进入评估环节,看看哪些方案可行。针对第一条方案"弟弟坐车筐",女儿自己否决了:"弟弟太重,要是坐车筐,自行车就会失去平衡。"于是,我在这个方案边上打了叉。接下来的几条方案,都被女儿一一否了,比如,有一条是"姐姐和妈妈都挤在中间车座上",女儿笑着说要是这样屁股会很疼。最后,我们发现有两个方案是让全家人都满意的,一个是"回去时姐姐坐自行车,弟弟走路",一个是"再买一辆自行车"。当天能执行的方案是"回去时姐姐坐自行车,弟弟走路"。于是，我们也这么做了，开开心心地回到家里。

我们在执行方案后，还进行了后续评估。到家后，我问女儿，对"开心大法"感觉如何？女儿竖起了大拇指。我觉得，让她满意的不仅仅是问题最终得到了解决，而更在于"开心大法"的过程让她感到自己的感受和需求被充分尊重。

● ● ● ● ●

在多子女家庭中，经常会出现有的孩子抱怨父母不公平的情况，如果父母只停留在字面含义去看，就会刻意去追求表面的公平，比如给孩子买一样的食物、一样的衣服、一样的玩具。实际上，孩子在抱怨父母不公平时往往是在传递信号，希望自己也能被父母重视和关注。**真正的公平不是给每个孩子完全相同的待遇，更重要的是看到孩子有被重视和关注的需求，并认真地去对待每个人的需求（包括父母自身的需求）。**

当多个子女中的任何一个孩子产生情绪困扰时，仍然是要先与孩子进行情感联结，一个拥抱或一句共情反馈都会让孩子觉得自己被父母理解，体会到联结感。在某些情况下，当孩子体会到被父母理解和支持时，问题就已经烟消云散一大半了，不仅是因为孩子渴望被父母重视和关注的这个困扰得到了缓解，还因为孩子情绪稳定后就有能力去面对。如果涉及多方需求冲突，就要等孩子的情绪稳定下来后，再邀请孩子进行自主思考，孩子可以从这个过程中收获"我可以解决问题"的胜任感，还能收获参与决策的自主感。

互动话题

1. 如果你是多个孩子的父母,那么你之前是如何处理孩子们之间的冲突的?

   _____

   _____

2. 在开始执行"开心大法"之前,需要做哪些铺垫工作?

   _____

   _____

第 6 章

做真实而自信的父母

第 6 章 做真实而自信的父母

你们的孩子,并不是你们的孩子,
乃是"生命"为自己所渴望的儿女。
他们借你们而来,却不是从你们而来,
他们虽和你们同在,却不属于你们。
你们可以给他们爱,却不可给他们以思想,
因为他们有自己的思想。
你们可以建造屋舍荫庇他们的身体,但不是他们的灵魂,
因为他们的灵魂属于明天,属于你们做梦也无缘造访的明天。
你们可以努力效仿他们,却不可企图让他们来像你们。
因为生命不会后退,也不在过去停留。

——哈里利·纪伯伦,黎巴嫩诗人

内驱力的"铁三模型"也适用于父母的养育体验。作为父母,如果能在养育过程中享受联结感、胜任感和自主感,就会对养育这件事感到轻松有趣、兴致勃勃。

本章首先讨论了父母如何在养育孩子的过程中体会到联结感——一方面，联结自己的内心感受；另一方面，与外部资源联结以获得支持。接着，又讨论了父母又如何在养育实践中积累胜任感、增强自己的"育儿抗挫力"。最后，我鼓励父母打开视野，拥抱更多新的可能，在养育中享受自主感。

让我们在品味育儿的酸甜苦辣中，把养育当成一次与孩子共同成长的旅程，活出自己的生命力。

滋养自己，积蓄内在力量

木心有一首诗，叫《从前慢》，其中有这样的几句：

> 清早上火车站，
> 长街黑暗无行人，
> 卖豆浆的小店冒着热气，
> 从前的日色变得慢，
> 车，马，邮件都慢。

如今我们的生活节奏很快，这样的日子似乎已经很遥远了。互联网的便捷让信息大量涌现，我们可以很方便地获知很多事，对很多事感兴趣，也要应对很多事。

当我们的关注点越来越多地放在外部事件上时，可能会忽略对自己内心世界的关照。**实际上，越是忙于应对外界扑面而来的事件**

和信息，内心越需要有慢下来的时刻和空间。

留出独处时刻，滋养自己

有些在养育上特别尽心尽力的妈妈，恨不得把所有空余的时间都用于陪伴孩子，偶尔没有陪伴孩子就内疚感满满，责备自己是不称职的妈妈，导致身心俱疲，内耗严重。这样的妈妈更需要每天给自己留出一些独处时刻，用来关照和滋养自己。

"独处时刻"是指，在一段时间内，无须应付关照他人，只和自己在一起。可以独自静静地品一杯茶、看一部电影、读一本书、去公园跑跑步……做任何自己喜欢做的事，整理思绪，感受自己的心情，与自己的内在联结。

尤其是近几年，我们大多经历过因疫情居家办公并同时照顾居家上网课的孩子，很容易心情烦躁。原因在于，我们在这种情况下几乎没有时间是留给自己的，独处的需求没有获得满足，从而对孩子没有太多耐心，容易一点就爆。越是忙碌，就越要留出一定的独处时刻关爱自己。**只有我们先调整好自己的状态，滋养好自己，才有更多的心力去关爱孩子和家人。**

男性和女性度过独处时刻的偏好方式不太一样，约朋友逛街聊天的以女性居多，在河岸边独自钓鱼的往往是男性。每个人都有独处需求，有时会无意识地做一些事情来满足自己的独处需求，比如蹲厕所的时候刷手机，在车里听一会儿音乐再回家……如果我们能从独处需求的角度去看伴侣的行为，就能多一分理解。

有人会说，我们全家人往往共处一室，没法自己一个人啊！即便如此，仍然可以创造独处时刻，比如可以早起，找一个不受干扰的房间（哪怕是阳台一角也行），读读书、做做瑜伽、冥想一会儿，并提前告知家人自己需要独处时刻，寻求家人的理解和支持。

更重要的是，独处时刻的关键不在于是不是自己一人，而是把关注点放在自己身上。 比如，在和家人一起吃饭聊天时，仍然可以时不时静下来体会自己：我看到什么、听到什么、闻到什么、尝到什么，我的身体是紧张的还是放松的，我的心情是难过的还是愉悦的……

有这样的一个故事：

小和尚问老和尚，什么是禅？老和尚说，禅就是该喝水的时候喝水，该吃饭的时候吃饭，该睡觉的时候睡觉，该扫地的时候扫地。

可见，禅是专注投入当下。独处时刻带有些许禅的味道，即体会当下的世界，体会此刻的自己。

在我们体会当下时，便创造了独处时刻。 做早餐时，看着锅里的米粥咕嘟冒泡，闭上眼睛闻闻散发出来的阵阵米香，等稍微凉一些时盛一碗，配点咸菜，慢慢品味米粥滑过口腔……相信这一刻就能让你的心静了不少。可见，**独处时刻，可以由心造。**

倾听自己的感受和需求

身为父母（尤其是妈妈），我们总想着优先照顾孩子和家人，把自己的需求和感受往后放。如果我们长时间地忽略压抑自己的感受和需求，就会产生付出感，累积下来的委屈怨恨会让我们变成一触即发的火山。一旦情绪导火索被点燃，情绪火山就会猛烈喷发，让孩子和家人感到震惊、无法理喻，自己过后也会陷入深深的内疚、自责之中，觉得自己不是合格的父母。

如果我们在生活中能尝试着时不时地和自己的内在联结，体会自己当下的感受和需求，关照好自己的状态，就会有更多的心力照顾孩子和家人。我好，我的孩子才会好。

以下案例中的妈妈外出办事奔波一整天顾不上吃饭，忙完后马不停蹄地接孩子、烧饭、饿着肚子给孩子贴健脾胃的膏药，当孩子表现出不配合时，她情绪崩溃了。过后，她进行了梳理和反思。

案例

刚给女儿贴上膏药，她就不停地拍着贴膏药的地方说痒，各种扭捏抱怨，饭也不吃，哼哼唧唧的。我见她这样子，气不打一处来："我今天累了一天，中午饭都没吃，我也饿啊！我还得先帮你把膏药弄好再吃饭。你在这儿搞来搞去，我都快烦死了！不贴就撕掉！"然后，我气冲冲地撕去她的膏药，她哭了。

我坐回位子，开始大口吃饭。吃着吃着，眼泪止不住地啪啪往下掉。想到今天一件件事情接踵而至，我努力一件件地处理好，好不容易才能坐下来吃口饭，还要先顾着把孩子的事情弄好。当心里冒出"委屈"这两个字时，我忍不住大哭起来。我一边感受着自己内心的委屈，一边默默地告诉自己：我真的很累，我要吃饭，我感到委屈，我接受我此时的各种情绪，我要先照顾好自己的感受……

之后，我冷静下来复盘整件事，发觉我在给孩子贴膏药时看到餐桌上的饭菜感到很饿，但脑袋里关于先把孩子的事安排妥当的念头太强烈了，强烈到都没注意到自己是在忍着饥饿。孩子对膏药抵触的当下，我已经没办法帮助孩子处理她的情绪了，因为我自己也需要被关照。

● ● ● ● ●

这位妈妈在气冲冲的背后，是身体的饥饿和劳累，还有深深的委屈。我们需要及时地倾听自己的感受，倾听身体和内心需要什么，照顾到自己的需求，让自己的内在有一定的充实感，才有心力去面对养育中的鸡飞狗跳。

与更广阔的世界联结

接纳自己的感受，觉察自己的需求，可以让我们的内在更加统整。除此之外，我们可以向外与更广阔的世界联结，可以在工作中或是从其他创造性劳动中找到自我价值，可以从家族、文化、大自然中获取更广袤的精神力量。

我们所在的家族和文化，能给予我们精神的力量。

广义的"家族"远远超过直系原生家庭的范畴，还包括久远的祖先、分支庞大的宗亲。翻开中国人的族谱，里面记载了一代代人的血脉相连、生生不息，从中能找到一种无形的天然联结。听听祖辈、父母辈讲讲他们的经历，或是回到祖籍地或家乡了解关于祖先的故事，或许能从中获得为之感动、为之骄傲的精神传承，可能是善良宽厚的美德，也可能是开拓进取的品质……

案例

有一年暑假，我带着孩子们从上海回闽南老家，探访了我爷爷出生的乡村，在宗祠里了解到郑氏祖先如何从中原地区衣冠南渡来到此地后，我似乎与世世代代祖先有了心理联结。陪伴我长大的爷爷当时已过世多年，当我看到他年轻时在祖屋边种下的松树已亭亭如盖时，回想起爷爷的勤劳、聪慧、乐观、有担当，我意识到爷爷一直存在于我心里。

我们还参观了当地的博物馆，体验文化特色活动，品尝风味小吃。我离开家乡的时间已超过了生活在家乡的时间，从半个外乡人的视角去看自己曾经所在的地域文化，越发能欣赏其独特之处。回到上海后，女儿跟我说，这次旅程让她知道自己从哪里来，感觉心里更有底气。我也有类似的感觉。底气大概来自从家族中获得精神力量的传承，从认同的地域文化中获得身份认同感和归属感。

有时，直系原生家庭未曾给予的，我们可以从更大范围的家族或文化中获得慰藉。我的一位朋友与自己的爸爸有矛盾，许多年都没有回老家过年。有一年春节，她鼓起勇气回了趟老家，拜访了家族里的七大姑八大姨，这些亲戚依然像小时候那样热情地招待她。她突然领悟到在自己跌跌撞撞的成长过程中，虽然从原生家庭那里没有获得太多温暖，但是亲戚们一直给她关心和照顾，让她内心有一种安定感。她开始觉得，无论世界怎么变，有些真善美的东西一直都在，这给了正经历中年危机的她一种确定感。

我们很容易被原生家庭的互动模式、价值信念束缚。有机会跟家族里的其他亲戚聊聊天，了解更大范围的家族历史，了解祖辈、父母辈的经历，主动和家族、文化联结，同时跳出来去思考自己在其中的位置，可能会从新的角度松解这种束缚。

大自然也可以赋予我们精神的力量。

不知你有没有类似体会：爬山登高或公园漫步，看着蓝天白云，闻闻花草树木泥土的芬芳，那一刻人与自然仿佛融为一体，所有烦恼都被抛到脑后，整个人都放松下来。世事纷纷扰扰、悲欢离合，山水大地是承载、包容我们情绪的最大容器。大概是因为人类原本就从大自然中来，所以回到大自然中能获得心灵的抚慰。

经常和大自然保持联结，能帮助我们从中汲取宽广深厚的力量。一位从小生长在上海老城区的朋友，大概是在都市中生活得太久，过去十几年每逢假期都会带着孩子参加亲近大自然的活动。因此，即使客观条件不允许，她也能通过调动过往在大自然中的体验，让自己的心逐渐定下来。

📝 案例

在那段不能自由出行的日子里，我们全家每天都生活在家里。我的脑中常常会不由自主地浮现之前走入大自然的情景，比如内蒙古的草原、新疆的沙漠、云南的苍山洱海。这些体验成为承载我的东西，让我不会产生绝望感和无力感。大概是因为在过去十几年里，我拥有了很多非常美好的走入大自然的体验，这些体验都在为我托底。我心里面一直有一个声音：生命本身就是可以的，无论什么困难都是能过去的。

● ● ● ● ● ●

成年人能从大自然中获得慰藉，孩子更能在大自然的怀抱中获得滋养。在我的童年记忆中，学了什么课文早已模糊，至今仍清晰记得的是：春天的雨水顺着长青苔的黑瓦淅淅沥沥落下，走在路上故意扯下吸满水的花蔓，让走在后面的同学溅一身水，然后哈哈大笑着跑开；夏天暑假傍晚和表哥表姐到溪边蹚水挖河蚬，一抬头看到漫天晚霞；秋天和同学结伴爬山摘桃金娘，天很高很蓝；冬天一次寒潮使得远处山巅镶上细细银边，趴在阳台上看了很久，不知是霜还是雪……这些美妙的时刻至今回想起来仍让我心动。

多带孩子到大自然中，听虫鸣鸟叫，看花开云涌，自由地奔跑，或许将来他能想起曾经的这份美好，多一种让自己平静放松的途径。

> 互动话题
>
> 1. 在独处时刻，做什么事情能让你感到最放松？
>
> 2. 回忆你到大自然中的一次体验，当时有什么感受？

让合作养育更轻松

在不少家庭里，孩子出生之后，养育似乎变成了妈妈一个人的事情。难怪许多妈妈纷纷吐槽自己遭遇了"丧偶式育儿"或"诈尸式育儿"。

怀胎十月，一朝分娩。不可否认，妈妈和孩子之间有着天然联结，而且妈妈也往往更割舍不下孩子，愿意为养育承担更多。然而，养育绝不应该只是妈妈一个人的责任，爸爸有责任和妈妈一起去养育孩子，哪怕因工作原因不在育儿一线冲锋陷阵，也需要在情感上支持妈妈。这样一来，孩子才能安稳踏实地被父母和整个家庭共同托举。此外，养育不仅需要父母的共同合作、整个家庭的共同合作，还需要是社区团体的合作。

发挥父母双方作用

许多夫妻在没有孩子之前关系不错,有了孩子之后就会凸显出各种矛盾。原因是复杂的、多方面的,比如:双方长辈过来帮忙,牵扯到婆媳矛盾,丈夫一旦协调不好,就会影响夫妻关系;夫妻双方的育儿理念不同,由此引发冲突。但凡过日子,肯定都会有矛盾冲突,关键要看当事人是否有勇气去面对冲突,以及是否能智慧地化解冲突。

在以下案例中,这位妈妈从怀孕起就对育儿特别上心,学习了许多养育知识。孩子出生后,她妥妥地成为家里的"育儿权威",孩子买什么衣服、鞋子都要等她点头,她也成了家里最忙碌的人——孩子哭闹、不好好吃饭、跟别的孩子起冲突……所有和孩子有关的事情都在等着她处理。她看到丈夫回家打游戏,内心充满了委屈和不满,原本恩爱的夫妻如今频频发生冲突。

一段时间后,她意识到强行改变对方是很难的,开始向内看,并做了两件事:(1)她尝试去理解丈夫,看到丈夫玩游戏背后的需求;(2)她看到自己的需求,并敞开心扉跟丈夫沟通。在她调整了自己的心态和沟通方式后,她的丈夫从"甩手掌柜"变身为带娃高手,和儿子的关系越来越亲近。

案例

当时我发现我丈夫不肯换手机品牌,因为他和他的朋友都用同一个品牌的手机,都在一个服务器上玩,如果换手机品牌，系统不兼容就没有办法跟他的朋友玩了。他和朋友们都已相继成家生子，下了班之后不能像以前那样随意约吃饭、喝酒、聊天，要回家陪孩子、陪妻子，只能通过玩游戏互相喊麦互动。我才意识到，原来玩游戏对他来说是很重要的，是他的一种社交方式。

以前我一直跟丈夫讲，孩子需要他，但其实是我更需要他，只是我没有说出来，他一直都不知道。孩子三岁左右，我跟丈夫说："我每天带孩子其实很累的，因为孩子一直都需要我，包括陪吃饭、陪睡觉、陪玩耍。如果你下班回来后能陪孩子一个小时，这样我就可以休息一会儿了。"我丈夫听了这番话后就有了一些转变，主动陪孩子，哪怕手机放在身边也不会玩。孩子要找我时，他也会想方设法地把孩子留下来，让我好好休息。那时大概是 2020 年的春天，我们一家朝夕相伴了大概过了三个月，父子感情慢慢变得越来越好。

● ● ● ● ●

当产生矛盾时，我们往往会陷入自己的怨念中，不想去理解对方，也不想去向内探索自己真正想要什么。女性容易一味指责抱怨，男性容易回避逃跑。这位妈妈值得学习之处在于，她虽然也抱怨过，但经过反思后能放下，以开放的心态去理解对方，敢于承认自己的需求，坦诚邀请丈夫协助自己。在她的真诚邀请下，丈夫体会到自己是被需要的，逐渐在养育中找到作为丈夫、作为爸爸的价值感。

对妻子来说，需要更多地信任和认可丈夫，让丈夫有机会参与到养育中来，体会到当爸爸的成就感。如果妻子坚信只有自己的养育方式才是唯一正确的，大事小事一手包办，就可能会让丈夫在养育中感到被排挤在外，从而感到很挫败。一旦丈夫觉得自己好像怎么做都是错的、什么事都不需要他，就不想参与养育了，妻子肩上的担子也会越来越重；相反，如果丈夫感觉自己被需要，就会有动力积极投入养育，妻子也能更加轻松，孩子也会享受爸爸的陪伴，全家都能从中受益。

对于丈夫来说，需要关照体贴妻子，让妻子心情放松地做妈妈。尤其是在妻子怀孕期间和孩子刚出生后的那段时间，妻子体内的激素变化大、身体容易疲惫、情绪比较敏感，很需要家人的关爱体贴。如果妻子在家庭中受委屈，又缺乏周围人的情感支持，情绪状态不佳，就很难有爱心、有耐心地对待孩子。

讲到这里，有的丈夫可能会喊冤："我努力赚钱买房子，房本上也写了妻子的名字，这还不爱她吗？"有的丈夫可能会说："每次她抱怨被单位领导批评，我都耐心帮她分析，可是搞不明白为什么越说她越气，我都是为了她好。"确实，许多丈夫都是爱自己的妻子的，只不过是用他们自己认为的"爱"的方式来关爱妻子，比如用实际行动、用讲道理的方式来传递爱。

遗憾的是，妻子更希望获得的爱，往往是丈夫能和自己在情感上同频，在她伤心难过的时候，丈夫愿意听她吐吐槽，理解她内心的感受。然而，大多数男性从小就被期待男子汉不能哭、要克制情绪，他们很难去体会自身的感受，让他们去体会妻子的感受就更难了。

当然，只要带着开放的心态去感受和反思，这就不是不能做到的。在以下的案例中，丈夫体会到了自身感受，共情到妻子的感受，从而对改善夫妻关系的窍门有了新的领悟。

案例

在儿子出生后的一年中，曾经有一段时间，我和妻子陷入了三天一小吵、五天一大吵的模式，到底因为什么事情吵，现在已经完全不记得了，但唯一印象深刻的是，几乎每次吵架都是以我的咆哮而告终。很难想象，我是那个在别人口中性格好脾气温和的男人。

之后，我通过参加一些课程的学习和分享，慢慢学习到交流感受的方法。然而，即便如此，我在实际应用中还是处于一种雾里看花的状态。直到有一次，我看到一部关于孕妇生产的纪实电影，电影记录了五位妈妈生产的全过程，每个妈妈的生产过程都惊心动魄，又令人揪心。这一下子让我回到了妻子生儿子的时刻，所有细节在我脑海里突然活起来，一幕幕清晰呈现，我的身体感受到妻子当时的紧张、害怕和孤单。想到这些，我立刻拿起手机，给妻子发了一条微信："让你受委屈了，我很爱你……"

所有的沟通，其实都是在和自己的内心感受对话。只有让自己回到自己的感受，我们才有机会把别人的感受也放到心里。我们只有对别人的感受感同身受，才能进行真正像亲人一样的沟通。

与老人联合育儿

孩子在出生后，老人来搭把手帮忙，与年轻父母组成养育孩子的"团队"，在双职工家庭颇为常见。问题是，老人和年轻父母之间难免会围绕孩子的起居饮食、教育观念等方面产生一些矛盾甚至冲突。比如，为了让孩子吃下更多饭，老人可能会端着饭碗满屋追着喂，把玩具递给孩子边吃边玩；年轻父母则认为，要让孩子自己吃饭，并养成专心吃饭的习惯。

许多年轻父母既离不开老人来帮忙照看孩子，又对如何与老人和谐相处头疼不已。如何面对这个难题，我特地与一些在这方面颇有心得的朋友聊了聊，她们毫不吝啬地分享了自己的宝贵经验。

与老人分工协助，调动老人的优势

年轻父母可以事先就带娃的职责定位和分工与老人讨论，比如，老人主要负责买菜做饭和接送孩子，年轻父母则主要关注孩子的成长教育，这样更有利于让每个人发挥各自的功能，减少矛盾。

多数愿意帮子女带娃的老人，都有为子女分担养育重任的美好心愿。我们可以鼓励老人用他们擅长的技能作为陪伴孩子的活动媒介，既让老人享受带孩子的成就感，孩子也能享受到被祖辈关爱呵护。比如，有的老人喜欢下棋，可以多鼓励老人陪孩子下棋；有的老人喜欢烧饭做菜，可以让老人带着孩子动手做家务。以下是一位妈妈分享她是如何鼓励孩子的外公与孩子互动的。

案例

我家老大上幼儿园大班，我觉得这个年龄的孩子以玩为主，没必要过早强调计算、写字。孩子的外公在公园里跟人聊天时，听说别人家孩子学了这个学了那个就很着急，多次跟我说让老大认字。我跟老大聊了一下，孩子说他愿意和外公学，我就把教汉字拼音和简单汉字的任务交给了外公。外公很认真，特地上网查询确认正确的笔画笔顺，耐心地一点点教孩子。在这个过程中，外公很有成就感，孩子不但不反感，还学得津津有味。

外公很喜欢看书，平时没事就在手机上看小说。我让外公给孩子读一些他熟悉、孩子也感兴趣的书，比如《西游记》《三国演义》。外公给孩子兴致勃勃地读书，孩子很爱听，他们都很开心。

● ● ● ● ●

平时注重关系建设，肯定老人的付出

像北京、上海这样的大城市有更多的就业发展机会，吸引了来自全国各地的年轻人。年轻人在城市里定居扎根组建家庭，老人背

井离乡来到城市帮儿女带孩子。亲朋好友不在身边,老人难免内心有些孤单寂寞。年轻父母如果平时能和老人聊聊天,那么不仅有利于增进关系,还能让老人心情开朗愉悦。

一位朋友老家在河南,来上海读大学后留在上海工作,属于"新上海人"。她生了两个孩子,一开始是婆婆从外地过来帮忙三年,后来换成她的父亲(也就是孩子的外公)来上海帮忙照看孩子,也已经三年多,以下是她分享的如何与老人相处的体会。

案例

老人和孩子一样,都需要陪伴,所以我常常会陪父亲聊天,听他讲讲今天到哪里买菜便宜了几毛钱之类的琐事。虽然聊的都是些家长里短,但这对老人来说,有人听他说话就是一种情感的支持。我丈夫有时也会陪他喝点小酒。有一年,孩子所在幼儿园评选"最给力长辈",我家当仁不让地推举了外公,外公得到"奖章"后开心得像个孩子。

● ● ● ● ●

还有一位朋友,她和公婆生活在同一个城市,而且离得不远,有时会带儿子到公婆家。她敏锐地发现,老人比较在意别人的看法。于是,她很注意在亲朋好友邻居面前维护婆婆的面子,而且特地在大家面前多肯定婆婆的付出。

> **案例**
>
> 儿子小的时候，我抱着儿子或用婴儿推车带儿子去公婆家。一到那儿，婆婆就会马上接手，并且抱着儿子到左邻右舍走一圈。我突然意识到，婆婆很想让别人感觉到她是个好奶奶，也参与了照顾孩子。有邻居说孩子哭是因为奶奶抱孩子的姿势不对，我会跟他们解释说，孩子可能现在有点闹觉了，以维护婆婆的面子。我在亲戚邻居和婆婆朋友面前都会说婆婆好，还说她总是尽心尽力地帮我们小两口。

每个人都希望自己被理解、被肯定。许多老人常常是埋头苦干、默默付出，不善表达自己，步入老年后自我价值感很低，他们的付出需要被年轻父母看到。肯定老人的付出，能让老人感受到自己是有价值的、被需要的，增强他们的自我价值感。肯定老人的付出，还能增进与老人之间的关系，有良好的关系为基础，产生矛盾后也比较容易互相谅解。

产生矛盾时，愿意去倾听理解

尽管年轻父母提前和老人做了分工，也常常肯定老人的付出，但同住在一个屋檐下，难免会产生矛盾冲突。老人和年轻父母生活在不同年代，有着不同的成长经历，两代人在生活方式、育儿观念上不可避免地会出现分歧。

无论是老人还是年轻父母，在与孩子互动时都会带着自己的成长经历和信念。如果我们不放下执念，坚持我的方式好、你的方式不好，就很容易让矛盾升级，累积不满；相反，如果能冷静下来，愿意去理解对方，并清晰地向对方表达自己，就有助于化解矛盾。以下是一位妈妈分享的她和婆婆处理矛盾的经历。

案例

有一天我们下班回家，婆婆就跟我们说："今天孩子玩面条，我打了他的屁股，他顿时就很乖了。"我当时很生气，觉得婆婆太粗暴，两岁的孩子玩玩面条怎么了！气头过去后，我回想这件事，想到当时婆婆跟我们描述这件事时，语气并不是理直气壮，而是一直小心地看我们的眼色，可见她是有点忐忑的，似乎想和我们讨论这么做是否合适。只不过，当时我情绪很强烈，关注点在婆婆打孩子这个行为上，忽略了这些细节。

婆婆生长在农村，种过庄稼，孩子玩面条在她看来就是糟蹋粮食，难怪她看不惯，忍不住要出手。过后我跟婆婆聊，说了我对她的理解。同时，我也表达了不希望用打的方式来制止孩子，婆婆也表示，其实她在打过孩子之后也觉得不妥。我们达成共识，化解了矛盾。

● ● ● ● ●

这个案例中很关键的一步是，这位妈妈回到当时的对话场景中，结合平日对婆婆的理解，综合语言和非语言信息，看到婆婆真正想表达的意思。而且,这位妈妈没有忍气吞声,而是坚定清晰表达了自己对于打孩子这件事的看法,促进彼此理解。以这样的沟通方式去处理婆媳冲突,既维持了界限,又不伤害关系。

创建育儿共同体

非洲有句谚语:"要养育一个小孩,需举全村之力。"人类学家玛格丽特·米德(Margaret Mead)也认为,孩子需要在大家庭的背景下才能健全成长。尽管她的观点来自对人类原始部落的观察,但放到今天也并不过时。哪怕当今社会的家庭形态很多元,除了双亲家庭、三代同堂外,还有单亲家庭、重组家庭、留守家庭、领养家庭等,但养育孩子都需要"大家庭"。这个"大家庭"可能是家族、邻里,还可能是由一群父母创建的育儿共同体。

所谓的"育儿共同体",简单讲就是共享育儿,由有一定共同养育理念、互相协助的家庭组成小群体,并经常组织一些共同参与的活动(比如带娃一起旅行)。**在育儿共同体中,孩子有机会与其他家庭的孩子交往,看到更多成年人提供的榜样示范,更重要的是父母也能从中获得相互支持和协助。**比如,当你临时有事时,有其他父母能帮忙接送孩子;当你遭遇育儿烦恼时,能和其他父母探讨,缓解焦虑。无论是从现实层面还是从精神层面来说,由于有育儿共同体的存在,养育会变得更轻松。

我身边有这样一位妈妈,在女儿上了幼儿园后,她结识了孩子几位同学的父母,带动几个家庭逐渐形成了育儿共同体。起初是几位妈妈在周末或假期带娃聚会，后来爸爸们也参与其中。聚会时，父母们坐在一起交流工作、生活，很放松；孩子们在一起也玩得开心。这相当于给父母自己、给孩子创造了一个从同伴交往中获得联结感的环境。她认为孩子在这种环境中成长能收获很多好处，以下是她的分享。

> **案例**
>
> 寒暑假时，我们有时会让孩子们一起在某个家庭里过夜；家庭旅行时，会留出一个大的空间让孩子们一起睡。孩子在这样的"大家庭"里长大，有机会观察到每家的早餐是怎样的，体验到不同家庭里的爷爷奶奶、爸爸妈妈的个性和互动风格。孩子还有机会拓展自己的兴趣爱好，比如我们中有一位爸爸喜欢下围棋，他就带着自己的女儿和另一家的女孩一起下围棋。孩子能从这些体验中学习到如何去接纳差异性、拥抱多元化。

● ● ● ● ●

这位妈妈是如何做到把大家聚到一起、形成育儿共同体的呢？她回想了一会儿说，其实自己也没有刻意做什么，只不过是在心态上比较主动和开放，愿意为大家提供服务，于是一些理念比较接近的父母就自然地聚在一起了。

> **案例**
>
> 当时幼儿园校方和家长之间因某事意见不太一致，我就主

动参与和校方的沟通，促进双方理解。可能有些家长因此觉得我热心、敢于发声，就比较信任我。我喜欢旅游，在孩子很小的时候就带着他们去各地旅游。我问其他家长，寒暑假我们想去某地，有没有愿意一起的？于是就有家长跟我带娃一起旅游。我很欢迎孩子们到家里来玩，对他们的接纳度比较高，不在乎他们会把家里搞脏搞乱。我还组织了六七期读书会，组织妈妈们一起读书，其中有几位比较投缘，后来我们还成了好朋友……

● ● ● ● ● ●

互动话题

1. 回想曾经和伴侣或老人之间发生的矛盾，结合本节内容，你获得了什么新的启发？

   _____

   _____

2. 创建和维系育儿共同体，你觉得关键要做什么？

   _____

   _____

在养育中积累信心

孩子来到这个世界上的那一刻,我们对被赋予的父母身份感到既兴奋又忐忑,暗暗希望自己努力做到最好,成为好妈妈或好爸爸。看到孩子纯真可爱的笑脸,听到孩子甜甜地喊爸爸妈妈,我们很享受为人父母的幸福感。看着孩子一点点长大,从懵懵懂懂的小宝宝成长为能帮忙做家务的翩翩少年,我们会感到满满的自豪感。

还有一些时刻,我们支着困倦的眼皮在深夜哄睡孩子,可是孩子仍然啼哭不止;我们苦口婆心给孩子讲解题目,孩子却大发脾气;我们想跟孩子分享观点让他少走弯路,孩子却不愿意听……我们会感到深深受挫,甚至觉得自己作为父母很失败。

无论是欣慰、自豪、幸福,还是难过、沮丧、挫败,都是我们在做父母的过程中体验到的感受。当消极感受压倒性袭来,可能会打败我们,让我们对养育失去信心。一旦信心不足,我们就可能无法发挥自己在养育中的智慧和创造力。

如果不想被消极感受击垮,平时就需要像锻炼肌肉一样锻炼自己的"育儿抗挫力":当消极感受袭来时,要先承受并接纳这些消极感受,让自己对消极感受的耐受力增强;然后,可以进行以下几方面的尝试,让自己积累更多的养育信心。

从小事做起,容易尝到甜头

积累信心的最佳办法是,从小事做起,从自己力所能及之处做起。小事更容易成功,更容易让人尝到甜头,尝到甜头后,往往也能对自己的信心越来越足——我是可以做到的!

养育孩子有很多科学的方法值得去尝试,比如 P.E.T. 父母效能训练就提供了许多和孩子有效互动的方法。这些方法中,有些很容易上手操作,且遭遇对方抵触的风险很小,比如调整环境、一对一陪伴孩子;有些是对我们以往行为模式的颠覆,在实施过程中可能会遇到孩子抵触,需要更多心力,否则可能会卡住。

我在实践 P.E.T. 的过程中,对"从小事做起"深有感触。

案例

二宝出生后的相当长一段时间,大宝的情绪比较容易被激惹。我带着这个困惑,参加了 P.E.T. 工作坊学习。回家后,我从所学的"三种时间"的角度去思考,猜测大宝情绪的背后可能是需要父母一对一的陪伴,而之前我把大部分时间都花在了照顾二宝上。于是,我从增加和大宝的一对一陪伴(陪伴也是当时的我最有把握的)开始,周末拨出一段时间陪大宝聊天、吃甜品、去图书馆借书……就这样过了一段时间之后,大宝的情绪状态有了改善。

这次尝试让我品到甜头：原来小小的改变和努力可以让亲子相处更加和谐，也让我对自己的养育能力更有信心了。之前，我对P.E.T.中的倾听和面质技巧心里没底，从那之后便有了一些信心去尝试倾听孩子了。在实践了一段时间后，又积累了一些信心去坦诚地表达自己。倘若没有实践一对一陪伴的成功体验，那么恐怕需要等更长的时间才有勇气迈出尝试的脚步。

当养育过程中出现困扰时，要敢于去做一些新的尝试，哪怕这些尝试可能会失败。从自己觉得最容易、最安全的地方开始做起，这样更有利于积累信心，然后再进行更有挑战性的尝试。不求一口气吃成胖子，不求养育中的困扰立刻消失，不求亲子关系迅速产生翻天覆地的变化，一步一步稳扎稳打，用每一步小小的成功积攒能量。

积极反思，敢于战后关系重建

什么时候我们会对养育感到最没信心？往往是在和孩子发生剧烈冲突且当下没妥善处理好的时候。我们会在这种时候感到特别沮丧和挫败，思维变得狭隘悲观。如果后续没有对冲突进行反思和解，而是稀里糊涂地过去，就可能会反复发生冲突，让我们对养育越来越没有信心。

丘吉尔曾说，永远不要浪费一场危机。在养育过程中，每一场危机都给我们审视自己内心的机会，都让我们进行反思调整，以便收拾再出发。因此，**有必要在冷静后进行战后关系重建，让**

断裂的亲子关系得到修复和弥合，不让冲突只是变成宣泄情绪的出口。

如何进行战后关系重建？远不是相互道个歉、拉个手那么简单。父母最好先对整件事情的来龙去脉进行梳理和反思：事情是怎么发生的、孩子和父母自己当时有什么感受、当时有哪些做法不妥当、哪些做法有利于相互理解、未来如果发生类似情况，该怎么处理……请注意，**反思不仅仅是针对需要提升之处，更要总结自己处理得当和取得进步的方面，然后肯定自我，这也是积累信心的途径之一**。

经过这一番盘点后，选择双方情绪都很平稳的时候，主动跟孩子敞开心扉，聊聊自己当时的想法和感受，也倾听孩子的想法和感受。以下是我的亲身体会。

案例

有一天晚上，我看到女儿的作业没有订正就忍不住说了她几句，她很生气地带上手机出门了，表示自己要静静。我担心她的安全，通过微信和电话联系她，结果发现我竟被她拉黑了！我感到很挫败，自己平时没少和青春期孩子及其父母打交道，却在女儿这里栽了跟头。我和丈夫在家附近找了一圈也没找到她，正商量着要不要请警察帮忙时，她回家了。

当晚我们没再做交流，家里气氛很僵，我躺在床上对整件事情想了很久。第二天我找她，承认一开始是我说话的语气太重，让她感到很委屈、很难过，接着叙述了我的想法和感受，最后我轻轻地抱了抱她。我们的关系得到了缓和，第三天开始回归往常那样说话。

● ● ● ● ● ●

我庆幸自己在发生了严重的冲突后还能冷静下来反思自己，敢于主动去修复关系的裂缝。之后尽管我们仍然会发生冲突争执，但有了那次经历，我对亲子冲突不那么恐惧了，也对如何更好地处理冲突有了更多的信心。

进行战后关系重建不仅有利于亲子关系的维持和发展，更重要的是，能让父母和孩子从中获得信心。信心至少体现在两方面：一是对关系的信心增强，体会到这段关系经得起大小冲突的考验，仍然可以走下去；二是对自己处理冲突的能力更有信心，发现自己其实也能在冲突中熬过来、挺下去。更重要的是，**能让人认识到任何关系都不可避免地会出现矛盾冲突，或许当时很不开心，彼此有误解，但通过坦诚相待、平等交流就可以重新联结。**

放下期待，停止责备和自责

我们常说"孩子只要健康快乐就好，对其他没有什么期待"，但其实我们仍难免会对孩子有所期待，希望他开朗乐观、聪明自律、有内驱力（否则你也不会翻开这本书）……我们对自己也有期待，希望把孩子培养得更优秀，认为只要父母用心培养，孩子就应该朝着预想的方向发展。

孩子的发展会受到多种因素的影响，既有先天的气质和智力水平，还有后天家庭养育方式、学校经历、同伴群体的影响。即便是父母用尽心力，孩子也不一定会朝着父母设想的方向发展。**执着于一定要把孩子塑造成怎样的人，可能高估了后天教养的作用，而且容易和自己死磕。**

有些父母发现孩子并没有朝着自己预想的方向发展，便产生了挫败感，转而对孩子心生怨念甚至大加指责："我为你付出这么多，你对得起我吗！"还可能会指责、埋怨伴侣和其他家人对养育不上心。也就是说，他们会用攻击他人、把错推到他人身上的方式来试图消除自己的挫败感。还有一种常见反应是陷入自责，觉得自己不是好父母，是失败的父母。自责是把攻击指向自己，觉得是自己的错，反而加深养育的挫败感。

这两种反应要么是攻击他人，要么是挫败自己，都在打击双方的信心。我们允许自己对孩子有期待，允许自己对自身有期待，同时不能太执着于期待，得能放下期待。**我们尽力给孩子创造良好的家庭环境，同时接受我们的局限性：或许我们也只能做到目前这些，把剩下的时间和空间留给孩子。**在养育中遇到困扰时，如果愿意去承认自己有局限性，愿意走出去看看其他可能性，停止指责和自责，有时反而会有意外收获。

有一位妈妈，因苦于和处于青春期的孩子时有冲突便来参加我带领的工作坊。工作坊第一天结束后，妈妈回到家，孩子问妈妈去了哪里。妈妈如实相告（此时尚未来得及实践工作坊中学习到的内容），孩子听说平时忙得连轴转的医生妈妈特地请假调班，并且交费学习如何更好地和孩子沟通后，内心产生触动，当天晚上和妈妈之间的互动比之前缓和许多。

只管耕耘，莫问收获。**我们做不成完美的父母，有时甚至会急躁、笨拙、鲁莽，但愿意学习和成长的这份努力会被孩子看在眼里，化在心里。**

互动话题

1. 回想你和孩子发生过的最激烈的一次冲突，你当时的感受如何？

   _____

   _____

2. 回想你在养育孩子的过程中值得肯定的三件事。

   _____

   _____

拥抱更多可能

第二次世界大战期间，维也纳精神科医生维克多·弗兰克尔（Viktor Frankl）和他的家人陆续被抓进了纳粹集中营。在集中营里，他每天都在一种极度缺乏营养、卫生和食物的状态下从事繁重劳动，脚因为饥饿性水肿而变形，稍有不慎甚至会毫无缘由地招来一阵毒打……经历了重重苦难后，他侥幸活了下来，而他的父母、妻子、哥哥全都在集中营丧命。

人间炼狱一般的生活并没有让弗兰克尔丧失意志，他从中追寻并赋予自己生命意义，后来成为意义疗法的奠基人。他用自身经历告诉大家：**无论人们在何种处境中，都仍然有着选择自己的态度和行为反应的自由，这种自由是任何人都夺不走的。**

有朋友坦言，自己小时候未曾被父母温柔对待，现在想去温柔对待自己的孩子，好比要在贫瘠的沙漠中浇灌出花朵来。这的确不容易，如果我们熟悉的人际互动模式是忽视、指责、威胁、理智化，那么我们难免会把这些互动模式带到亲子关系中。不过，我们也需要意识到，我们仍然有这样的自由：**可以选择觉察原有的互动模式，可以选择从新的角度看待当下的挑战，可以选择用新的互动模式去应对当下挑战！**

复盘，探索新的可能

"复盘"原本是股票、围棋中的术语，都包含"回顾"的意思，后来扩展到用来描述对已发生的事情进行回顾，对经验和教训进行总结。复盘是一种通过自我反思实现持续成长的方法。曾子说"吾日三省吾身"，**我们很有必要时不时停下来，对亲子互动进行复盘，总结好的经验，给自己点赞，反思可以改进之处，之后进行新的尝试**。尤其是在亲子冲突爆发后，复盘是战后关系重建的第一步。

如何进行复盘呢？可以只在自己头脑中反思，回顾整件事情发生的前前后后，体会自己当时的心情、想法和行为模式，设想如果未来发生类似情况，还可以怎么处理。也可以结合文字记录的方式进行，记录可以还原更多细节，促进反思觉察。

除了自我复盘外，还可以与可靠的朋友一起讨论，邀请孩子、家人，心平气和地一起复盘。我在与孩子发生冲突后，冷静下来后会和孩子聊聊：冲突是怎样引发的，我说了哪些话让孩子感受不好，孩子说了什么让我情绪上头，怎么说能让孩子更容易接受……

有一位朋友从 2020 年年初以来，常用写日记的方式对自己的生活复盘。她选择每天早上做完冥想后，在头脑清醒的状态下一边写下前一天发生的事一边复盘。这样日复一日地复盘，相当于进行头脑体操，提升了她的觉察力和反思力，让她在亲子互动中不知不觉地打开了新的角度。以下是她分享的心得体会。

案例

一点点写下来之后，我感到自我觉察的速度变快了，看待别人的眼光也发生了一些变化。有一次，我们全家围在餐桌边准备吃饭，当时我挨着墙的位置坐，孩子和他爸爸坐在我对面。正当我准备夹菜时，孩子突然把整个桌子连同菜往他身边挪。我心里有些不爽，觉得孩子不懂餐桌礼仪，并认为他这么做太自私了！我很快觉察到自己的评判，马上转念，先听听他是怎么想的吧！我说："宝宝，我刚刚看到你把桌子往你身边拖了一下，你是怎么想的？"他说："妈妈，我看到桌子挤着你，想拽过来一些，让你更舒服。"我听后很感动，也庆幸自己觉察得快。

● ● ● ● ●

如果你也摩拳擦掌，准备开始用写日记的方式复盘，那么不妨参考我这位朋友的几点经验分享。

- 用简单、中立的语言描述事情，降低记录的难度。
- 纵观整个事件，是一方输一方赢还是双赢？请记住，经营关系需要双赢。
- 用积极的态度去看，我能从中学习到什么？
- 就算是今天写明天没写也没关系，无须因此而感到愧疚。

跳出剧本，是海阔天空

我们通过社会学习和自身经历，在一些事情上逐渐形成了一些特定观念，比如，吃饭细嚼慢咽有利于消化、学而时习之效果更好、诚信是为人的根本等。观念有一定的指导意义，但固守着某些观念，认为孩子一定、应该、必须按我们的这些观念去生活，就必然会让亲子之间产生巨大的张力。

📝 案例

女儿读小学时，我给她报名学钢琴，并找到了既有爱心又专业的老师，买了钢琴放在家里方便她练习。然而，她练琴的兴致并不是很足，有时遇到反复弹不好的旋律，就砰砰砰猛敲琴键。每当这时，我一肚子火就会噌噌往上冒，很想冲着她大吼大叫。这种火气如此强烈，让我不得不仔细去体会背后是什么。

我看到了自己深深的沮丧感，脑子里还盘旋一句话："这孩子没有珍惜这么好的条件，太不应该了！"这个观念又是从哪里来的呢？回想上初中时，我对乐器萌生兴趣，可是当时我因条件限制而没有机会接触钢琴，只能自己摆弄口琴。当我看到女儿没好好练琴时，便激活了我当年的经历，认为女儿不珍惜现有的条件。我还意识到，让女儿学钢琴更像是满足我当年的需求。经过这番梳理，我开始放下女儿应该学钢琴的执念。后来，我们经过协商，共同决定暂停学钢琴，这样也能让女儿把更多的精力放在她更擅长、更喜欢的画画上。

● ● ● ● ●

这件事让我体会到，观念就像写好的剧本，有时我们要求孩子应该怎么做、不应该怎么做，像是让孩子一定得照着我们的剧本来演。当孩子的台词和动作出现偏差时，我们就会觉得全部乱了套。换种角度来想：有没有可能是我们用剧本束缚了孩子，也禁锢了自己？

当我们在某件事情上觉得和孩子角力时，不妨扪心自问：

- 我对这件事的观念是什么？
- 这个观念和我过往的什么经历有关？
- 我的观念是否有局限性？
- 我所反对的，真的对孩子不好吗？
- 我所赞同的，是唯一正确的吗？
- 我愿意保留哪些观念，愿意调整哪些观念？
- 我要用怎样的姿态去和孩子分享我的观念？

如果我们能以觉察自己不舒服的感受作为切入口，就能看到感受背后的需求和观念。顺藤摸瓜地理解这些观念从何而来，对观念进行取舍调整，往往能让我们从原来的剧本中跳脱出来。**跳脱出来，意味着更大的自由，从而有机会修改我们自己的人生剧本，让孩子书写属于他的剧本。**

让孩子发挥创造自己

鲁迅的孙子周令飞在一次采访中回忆自己参军的经历。在新兵训练后，他被分配到卫生所，他十分不解地问为什么，答复是鲁迅原本学医，后来弃医从文，你要完成祖父未完成的事业。后来还要他写通讯报道，而他最怕的就是写文章，大家都不信，非要让他写不可，因为他是鲁迅的孙子。

看完这段采访后，你大概会哈哈大笑。俗话说"龙生龙凤生凤，老鼠的孩子会打洞"，大家习惯于认为孩子和他的父母或长辈应该是一样的，却忽略了孩子作为一个独立的人，有他自己的才能、个性、兴趣爱好。连周围的人都容易这么想，更何况父母呢！孩子在某种程度上是我们生命的延续、自我的延伸，以至于我们在亲子互动中容易混淆了你我，模糊了界限。

父母容易掉的"坑"是，混淆了孩子和当年的自己，过多地往孩子身上投射自己的感受。 当孩子在成长中遇到一些挑战时，可能会激活父母在孩子这个年龄段时的一些经历或创伤，父母会往孩子身上投射自己的感受。以下案例是一位妈妈分享的她对此的反思。

案例

女儿读小学一年级，期末在填写《成长手册》里的"我的好朋友"这栏时，她说自己没有特别好的朋友，坐在那儿眼泪啪啪地掉。开学的时候，我特地买了很多关于交朋友的绘本和她共读，还让她带一些小玩意去学校，这样她在分享时就能和很多同学有交集，后来我还主动约她同学一起出来玩。我已经尽力了，不知道还能怎样帮助她，内心焦虑万分。

唉，仔细想想这焦虑背后，可能也有我自己的部分，小时候我很害怕课后没有人想和自己玩，害怕同学们结伴出去时自己孤单一人。看到女儿没有朋友的孤单、委屈和无助，我很难忍受，想摆脱这种感受。或许我需要做的是，先接纳这些感受吧。

● ● ● ● ● ●

如果父母曾与孩子有过类似的经历，那么好处是更能共情孩子的感受，但也要警惕有时可能会叠加放大这种感受。也许孩子本是可以自己去面对困扰的，结果父母却比孩子还紧张、焦虑。父母保持对自己的反思觉察，能进一步了解自己、接纳自己，也更能允许和信任孩子去面对成长中的挑战。

父母容易掉的另一种"坑"是，模糊了父母与孩子之间的界限，着急改造孩子。 当我们看到孩子在个性、行为方式和价值观上与我们有很大差异时，往往会感到不安。我是个性子比较急、做事麻利的人，我的女儿却是个性子比较慢的人，看到她冲澡、吹头发、护肤整套程序下来要花上45分钟，曾让我很抓狂，忍不住要催促她，结果越催她越烦，到头来也不见得变快。

在我复盘了自己的抓狂后，有了新的思考：长久以来，我一直追求效率快速，不喜欢随意散漫，于是随意散漫就被压抑、被拒绝，成为卡尔·荣格（Carl Jung）说的"阴影"。我不希望自己随意散漫，可能还反映出我不愿意让自己更放松一些。女儿的"慢"提醒我，或许我可以让自己更随意、放松一些。我无法忍受的，正是我的"阴影自我"，是我可以去探索、去唤醒的部分，从而让我的人格变得更加有弹性。

孩子与我们不同，在某种程度上说是上天安排给我们的礼物，帮助我们成长和完善自己。因为我们和孩子之间的不同而带来的冲突碰撞，一方面让我们增进了对世界多样性的理解，学会与外界的不同相处；另一方面让我们有机会向内探索自己的"阴影"，对自己认识更多。

永远都请记得，孩子不是当年的我们，也不是现在的我们，孩子是和我们不一样的人。孩子作为一个独立的生命体，他可以有很多创造发挥的可能性。

活得真实自在，胜过完美

我们希望养育能轻松简单、一目了然，但不得不承认的是，养育有时是错综复杂、坎坷曲折的。我们既要向外学习科学的养育理念和技巧，同时还要去面对自己的内心。一位从事多年家庭教育工作的朋友分享了她和儿子之间发生的一件事。

案例

几年前，我第一次给儿子约线上外教课。就在开始前的五分钟，儿子突然问需不需要视频对话，我说需要的，他说那他就不上了。我尴尬万分地说："妈妈已经约好了，外教也专门为你安排出了时间，你不上的话，我真的有点接受不了……"他说："我就是不上！"当时外教已经在线上等了，我很着急，就一直拉着他说。他钻到了写字台下面，我也钻了进去。我说："妈妈想求求你把这节课上完，后面不管怎样都没问题。"结果他说了一句："妈妈我也求求你，别让我上了。"

那一刻我突然醒了。我稍微冷静了一下，回到了自己的房间，把写有感受和需求词汇的卡片放在面前，试着去联结内在的感受和需求。我一边看卡片一边流泪，直到看到"真实"这个需求，一下子被触动了。我曾经以为自己很接纳孩子，但显然我无法做到，我为何不对自己更加真实，对孩子也更加坦诚呢？我给儿子写了一张纸条："妈妈这些年一直在努力，希望能够去接纳你，但是今天发现其实我还没有能够完全做到。刚才我一直在逼着你上课，可能让你觉得很难受。也许我还需要一些时间。"

· · · · ·

"我还没有能够完全做到""我还需要一些时间"……这样的坦诚需要去面对自己内心最为脆弱的部分，需要很大的勇气。这样的坦诚也让我们去承认自己、接纳自己，活得更加真实。

只有父母能够面对真实的自己，孩子才有可能成为真实的自己。父母的生命状态会在潜移默化中给孩子带来深远的影响。如果父母整天愁眉紧锁，那么家庭中也会形成紧张焦虑的氛围，孩子自然无法放松下来。从本质上说，**养育是用生命去影响生命，用精神的力量去促进孩子的心灵成长。与其去说教孩子，不如先活出父母的自在。**

不少父母希望自己做到完美，但其实只有先在养育过程中让自己舒服、活得真实自在，才能让孩子更加放松、自在。以下是一位妈妈分享的心得体会。

案例

我曾经很尽心尽力地想要成为完美的好妈妈，比如会在早上五点多就起床，做很精致的早饭，还经常为早饭拍照，沉醉在自我感动里。后来女儿说："妈妈，我不喜欢看到你为了给我做早餐而很累的样子，而且我也不是365天都有胃口。"一开始我听她这么说时，还挺受伤的，觉得我这么尽心尽力地为她做早餐，她竟然还说没胃口？再一想，觉得她的真实值得我学习，我也并不是每天都能精神饱满地起来做饭，有时也是硬撑着起来的。如果我这么做给孩子带来了压力，就和我的本意背道而驰了。现在，当我觉得累的时候，就让自己休息好，不会再过多地要求自己了。

当然，强调"言传不如身教"，并非意味着我们努力以身作则，孩子就一定会立刻变成和我们一样。比如，就算父母天天早起，孩子也未必会像父母一样天天早起。榜样做得再好，也只是提供了示范，孩子要不要效仿不是榜样本身所能决定的。或许榜样的影响未必会在当下显现，或许孩子有他的选择方向，父母大可不必因此沮丧，谴责自己做得不够好。

养育是一种关系，是一种陪伴。父母能够自得其乐，活出自己饱满的生命状态，从容地欣赏孩子的成长并从中得到乐趣，才是给孩子最好的礼物。

正如弗兰克尔所说，我们有选择自己的态度和行为反应的自由。在养育孩子的过程中，我们同样可以选择自己的态度，以及选择用何种方式去应对。当我们开始去觉察自己，开始主动去做选择，并愿意承担相应责任时，对生活就有了更多的掌控感，在养育中就能获得自主的感觉。

养育，让我们去拥抱更多可能，不只是探索亲子互动的新可能，还有探索自我的新可能。永远记得，拥抱更多可能！

> **互动话题**
>
> 1. 你的孩子和你在个性、兴趣爱好、价值观等方面有哪些相同和不同之处?
>
> 2. 回想一个对你产生积极影响的人,他/她如何影响了你?

参考文献

[1] 伯克. 伯克毕生发展心理学：从 0 岁到青少年：第 7 版 [M]. 陈会昌，译. 北京：中国人民大学出版社，2022.

[2] 德西，弗拉斯特. 内在动机：自主掌控人生的力量 [M]. 王正林，译. 北京：机械工业出版社，2020.

[3] 斯蒂克斯鲁德，约翰逊. 自驱型成长：如何科学有效地培养孩子的自律 [M]. 叶壮，译. 北京：机械工业出版社，2020.

[4] 佐佐木正美. 关注孩子的目光 [M]. 傅玉娟，译. 海口：南海出版公司，2014.

[5] 范伦特. 自我的智慧：哈佛大学格兰特幸福公式研究 [M]. 张洁，宋欣欣，童俊，译. 北京：世界图书出版公司，2016.

[6] 戈登.P.E.T. 父母效能训练：让亲子沟通如此高效而简单：

21世纪版[M].琼林,译.北京:中国发展出版社,2015.

[7] 亚当斯,伦茨.绽放最好的自己:如何活成你想要的样子:珍藏版[M].郑正文,译.北京:北京理工大学出版社,2017.

[8] 弗兰克尔.活出生命的意义[M].吕娜,译.北京:华夏出版社,2010.

后　记

　　如果你有幸得到一颗珍贵的种子，你会想什么，会做什么呢？在绘本《安的种子》开篇，老师父分给小和尚本、静、安每人一颗古老的莲花种子，并嘱咐他们："这是几千年前的莲花种子，非常珍贵，你们去把它种出来吧。"

　　故事就这样徐徐展开——

　　拿到种子后……
　　我要第一个种出来！本想。
　　怎样才能种出来呢？静想。
　　我有一颗种子了。安想。

　　本跑去寻找锄头。

静想要挑出最好的花盆。

安把种子装进小布袋里，挂在自己胸前。

本把种子埋在雪里。

等了很久，本的种子也没有发芽。

等不到种子发芽的本愤怒地刨开了地，摔断了锄头，不再干了。

我一定会种出千年莲花的。静想。

雪下大了，我先去把庙门外的雪扫一下吧。安想。

静去查找种植莲花的书籍。

安去集市为寺院买东西。

静将选好的金花盆搬来，放在最温暖的房间里。

安接着清扫寺院中的积雪。

静用了最名贵的药水和花土，小心地种下了种子。

安和以前一样做着斋饭。

静的种子发芽了。静把它当成宝贝，用金罩子罩住它。

清晨，安又早早地去挑水了。

静的小幼芽因为得不到阳光和氧气，没过几天就枯死了。

后 记

晚课后，安像往常一样去散步。

春天来了，在池塘的一角，安种下了种子。

不久，种子发芽了。安欣喜地看着眼前的绿叶。

盛夏的清晨，在温暖的阳光下，古老的千年莲花轻轻地盛开了。

这个充满禅意的故事，很适合静下心品味。当孩子呱呱坠地时，何尝不是上天交给我们的一颗珍贵的莲花种子？在养育孩子的过程中，我们有时可能会像心浮气躁的本，急于求成，不管不顾孩子的发展规律，胡乱折腾一通，最后以满满的挫败感收场。岂不知，**万物皆有时，生有时，长有时，栽种有时。**

我们有时还像患得患失的静，拼尽全力给孩子喂养最精细的食物，挑选顶级的名校，力图创造最佳的成长环境。处处呵护，爱得很用力，也很窒息，孩子失去了自己的成长空间。

安的那份气定神闲，实在难得！他把种子装进小布袋，挂在胸前……似乎隐喻着，**父母需要先和孩子建立情感联结，这是养育的第一步。** 他从容如一地去扫雪、买东西、做斋饭、挑水、散步……仿佛告诉我们，**为人父母，先活好自己，过好每一天的生活。** 他等待春天到来了，才在池塘的一角种下了种子……好像是在说，**养育需要耐心等待时机，尊重孩子的发展规律，爱你如你所是，而非如我所愿。**

放慢追逐的脚步，享受安然的等待，迎接每一个当下，这就是育人、育己的智慧吧！

北京阅想时代文化发展有限责任公司为中国人民大学出版社有限公司下属的商业新知事业部，致力于经管类优秀出版物（外版书为主）的策划及出版，主要涉及经济管理、金融、投资理财、心理学、成功励志、生活等出版领域，下设"阅想·商业""阅想·财富""阅想·新知""阅想·心理""阅想·生活"以及"阅想·人文"等多条产品线，致力于为国内商业人士提供涵盖先进、前沿的管理理念和思想的专业类图书和趋势类图书，同时也为满足商业人士的内心诉求，打造一系列提倡心理和生活健康的心理学图书和生活管理类图书。

《陪着孩子走向世界：中国父母的五项修炼》

- 毛大庆作序，杨澜、俞敏洪、雷文涛等诚挚推荐。
- 堪比家庭教育界的《第五项修炼》。
- 随书赠送"问校友家长学院"精品线上课程。
- 左手规划右手爱。缓解父母焦虑，助力孩子走向世界！
- 作者的系统思考+15位哈佛、耶鲁等名校学子及父母分享心路历程！

《孩子是选手，父母是教练：如何有效培养孩子的自主学习习惯》

- 为父母提供"双减"政策下更适合孩子的学习指导方法。
- 北京师范大学科学传播与教育研究中心副主任李亦菲、延边大学师范分院附属小学校长金海连作序推荐。
- 随书附赠《自主学习指导师指导手册》。